HANDBUCH
BAUGEMEINSCHAFTEN

DER WEGWEISER IN DAS ZUHAUSE DER ZUKUNFT

KEINERT / BÜSCHING

HANDBUCH
BAUGEMEINSCHAFTEN

DER WEGWEISER IN DAS ZUHAUSE DER ZUKUNFT

Bau-Rat: **BLOTTNER**

Inhalt

Von Hausbesetzern zu Wohnungseigentümern — Seite 6
- Zu wem passt das heutige Modell Baugemeinschaft? — Seite 7
- Planen und Bauen im Prozess – was bedeutet das konkret? — Seite 8

Viele Wege führen zur Baugemeinschaft — Seite 9
- Der Architekt als Initiator — Seite 9
- Der Projektsteuerer als Initiator — Seite 9
- Bauherren als Initiatoren — Seite 9

Planen und Bauen im Team — Seite 13
- Aufstellung des Teams — Seite 15
- Risikoverteilung und Projektkontrolle — Seite 21
- Das organisatorische Dach — Seite 37
- Das (zwischen-)menschliche Fundament — Seite 40

Ohne Moos nix los: So funktioniert die Finanzierung — Seite 42
- Wohneigentum klingt gut, aber kann ich mir das leisten? — Seite 42
- Einzelfinanzierung vs. Gruppenfinanzierung (Anne Wulf) — Seite 44
- Was kostet das Projekt? — Seite 53

Des Pudels Kern: das Grundstück / der Altbau — Seite 64
- Nicht nur das Bauen kostet Geld:
- Die Sache mit der Grunderwerbsteuer (Volker Bartelt) — Seite 67
- Grunderwerbsteuer in den Lebensphasen einer Baugemeinschaft — Seite 70
- Fazit — Seite 74

Die Architektur für eine Baugemeinschaft — Seite 75
- Stichwort Typisierung — Seite 76
- Stichwort Wohnungsplanung — Seite 79

Bauantrag — Seite 82

Jetzt wird's ernst: Die Bauphase — Seite 84
- Generalunternehmer oder mehrere Fachfirmen — Seite 84
- Billig ist nicht immer günstig — Seite 87
- Segen und Fluch: Die Bauherren/-damen und ihre Baustelle — Seite 91
- Endspurt — Seite 95

Fast geschafft — Seite 97
- Die Hausverwaltung — Seite 97
- Das Miteinanderleben — Seite 98

Einige Worte zum Schluss — Seite 100

Anhang — Seite 101

Bauliche Maßnahmenbeschreibung — Seite 102

Projektphasen einer Baugemeinschaft — Seite 105

Ich bin viele: 8 gebaute Beispiele — Seite 106

Sachwortregister — Seite 122

Impressum und Bildnachweis — Seite 125

Von Hausbesetzern zu Wohnungseigentümern

Was die Hausbesetzerszene und Baugemeinschaften miteinander verbindet? Der gemeinschaftlich-soziale Grundgedanke.

Ausgehend von den gesellschaftlichen Umwälzungen der 1968er Jahre kam es vor allem in den Achtzigern zu Haus- oder auch „Instand"-Besetzungen. Wie die ersten Wohngemeinschaften (Stichwort „Kommune 1") waren sie anfangs radikale Versuche eines neuen Zusammenlebens unter der ideologischen Überschrift: „Das Private ist politisch."

Im weiteren Verlauf spaltete sich die Hausbesetzerszene in zwei Gruppen. Für die einen waren Hausbesetzungen ein Mittel, um ihre politische Kritik an gesellschaftlichen Zuständen öffentlich zu machen. Den anderen ging es zunehmend um einen pragmatischen Ansatz der Selbstbestimmung und neue Formen des gemeinschaftlichen Zusammenlebens. Seit Ende der achtziger Jahre schließlich unterstützte auch die öffentliche Hand, insbesondere in den eher grün geprägten Studentenstädten wie Tübingen und Freiburg, vermehrt eine alternative Politik. Diese zielte unter anderem darauf, der wachsenden Vereinzelung/Individualisierung in der deutschen Gesellschaft etwas entgegenzusetzen und ökologische wie basisdemokratische Projekte zu fördern. So wurden zum Beispiel öffentlich finanzierte Gesellschaften gegründet, welche die Umwandlung von besetzen Häusern in Genossenschaften oder Eigentümergemeinschaften unterstützten.

Diese neue Form der Vergemeinschaftung ersetzte gewissermaßen die Dorfgemeinschaft und/oder Großfamilie – mit dem zentralen Unterschied, dass man sich sein Dorf und seine Familie nicht aussuchen konnte. Insofern wurde die Zwangs- von der Wahlgemeinschaft abgelöst. Anders als bei den frühen Hausbesetzern, die vornehmlich „anti Stadt/Gemeinde" (weil Establishment) eingestellt waren, erfolgte das gemeinschaftliche Bauen oder Sanieren (sei es als Genossen- oder Baugemeinschaft) nun mit kommunaler Unterstützung, wenn nicht gar auf Betreiben kommunaler Entwicklungsträger. Inzwischen ist die einst linksalternative Bau- und Wohnform – begünstigt von den Kommunikationsmöglichkeiten unserer Informationsgesellschaft – in der Mitte der Gesellschaft angekommen.

MIT DER STADT STATT ANTI STADT

Zu wem passt das heutige Modell Baugemeinschaft?

Das ist nicht zuletzt eine Typfrage: Menschen, die sich für das gemeinschaftliche Planen und Bauen entscheiden, sollten Spaß an Teamwork und keine Scheu vor demokratischen Beschlüssen haben. Sprich, Einzelgänger und -kämpfer sind hier nicht besonders gut aufgehoben, da viele Entscheidungen nur im Konsens mit den Mitbauherren gefällt werden können.

> „Ich hatte schon lange den Wunsch, der Anonymität in der Großstadt etwas entgegenzusetzen und in einer Hausgemeinschaft zu leben. Die gesamte Planungsphase mit den regelmäßigen Baugemeinschaftssitzungen und den daraus entstehenden gemeinschaftlichen Aktivitäten wie Grundsteinlegung und spontane Grillpartys haben lange vor Bezug zu einem sehr persönlichen Verhältnis der Mitbewohner geführt." (Jörg, Berlin)

Neben dem subjektiv als Vorteil empfundenen Bauen und Zusammenwachsen bzw. zusammen wachsen in der Gruppe ist die Kostenersparnis ein ganz objektiver Gesichtspunkt: Seit einigen Jahren gewinnen die Innenstädte wieder an Attraktivität. Vor allem junge Familien wissen die Vorteile des urbanen Angebots und die kurzen Wege zu schätzen. Ihr Traum ist nicht mehr das Häuschen auf dem Land, sondern die citynahe, individuelle Eigentumswohnung mit Blick ins Grüne und/oder Gartenzugang.

Zwei wichtige Beweggründe sind Infrastruktur und bessere Bildungs- und Betreuungsmöglichkeiten für Kinder. Angesichts der Immobilienpreise bliebe dieser Traum für Viele unerschwinglich.

Vorteil Baugemeinschaft: Da Baugemeinschaften den Risikozuschlag und die Gewinnmarge eines Bauträgers einsparen, sinken die Gesamtkosten für den Einzelnen. Aber auch mögliche Typisierungen innerhalb des Baugemeinschaftprojekts sind eine wichtige Schraube, um Kosten zu senken (siehe dazu auch Seite 77). Merke: Jede Extrawurst kostet extra.

Noch einmal zurück zur Ausgangsfrage ... Tatsächlich gibt es Menschen, für die eine Baugemeinschaft die falsche Wahl und damit eine Qual wäre. Denn Baugemeinschaften funktionieren nach dem Beteiligungsprinzip entlang einer flachen Hierarchie. Jede und jeder in der Baugemeinschaft hat Anteil an einem Planungsprozess, der immer wieder Fragen aufwirft, die es im Team zu beantworten gilt. Schließlich geht das Mehr an Entscheidungsmöglichkeiten einher mit einem Mehr an Entscheidungsnotwendigkeiten.

Wer sich in diesem Prinzip wiederfindet, identifiziert sich am Ende fast zwangsläufig mit seinem sozialen Umfeld. Das bedeutet nichts anderes, als dass die Mitglieder der Baugemeinschaft im Laufe der Zeit – von der ersten Gruppensitzung über die Grundsteinlegung bis zur Einweihungsparty – von einer Zweck- zu einer „Lebensgemeinschaft" werden.

> „Obwohl ich erst vor drei Wochen eingezogen bin, habe ich hier schon viel mehr Freunde als jemals in Prenzlberg."
> (Thomas, Berlin)

Planen und Bauen im Prozess – was bedeutet das konkret?

Ein Baugemeinschaftsprojekt ist kein Fertigprodukt, das man per Unterschrift kauft. Hier geht es darum, zielorientiert miteinander zu planen und zu bauen, also auch entsprechend umsichtig aufeinander zu bauen.

Wenn die Baugemeinschaft startet, ist das Ganze keineswegs bis ins Detail durchgeplant. Vielmehr gibt es meist nur erste Ideen und Ansätze, die im Laufe des Verfahrens noch zu konkretisieren sind. Insofern sind alle Beteiligten gefordert, in vertiefenden Gesprächen, Analysen und Beratungen in die Materie einzutauchen, um auf dieser Basis jede notwendige Entscheidung auf dem Weg fundiert treffen zu können. Das gilt für den Einzelnen ebenso wie für die Gruppe.

Funktioniert das Miteinander, profitiert jeder von der Qualität des anderen; Synergieeffekte kommen zum Tragen. Schließlich sind in einer solchen Baugemeinschaft Menschen mit unterschiedlichster Expertise versammelt. Deren Know-how anzuzapfen erspart mitunter sogar den einen oder anderen externen Fachplaner – und somit Geld …

DEFINITION BAUGEMEINSCHAFT

- Zusammenschluss von mindestens drei privaten Bauherren.

- Gemeinsames Ziel: Schaffung von Wohnraum für den eigenen Bedarf.

- Vorplanung für ein konkretes Projekt
  (vs. Interessengemeinschaft, Seite10).

Viele Wege führen zur Baugemeinschaft

Grundsätzlich kann natürlich jede(r) eine Baugemeinschaft ins Leben rufen, also das Dreigestirn aus Bauherr, Architekt und Projektsteuerer/Moderator zusammenstellen. Allerdings unterscheidet sich der Ablauf von der Idee bis zur Realisierung, je nachdem, an welchem Punkt begonnen wird.

Der Architekt als Initiator

Sein Schwerpunkt ist der architektonische Entwurf. In der Regel hat er bereits ein konkretes Objekt (Grundstück oder Altbau) im Auge, wenn er das Projekt „Baugemeinschaft" auf den Weg bringt. Will der Architekt nicht gleichzeitig die Rolle des Projektsteuerers übernehmen, sucht er sich zunächst jemanden, der über die entsprechende Kompetenz verfügt. Zusammen rühren sie dann die Werbetrommel, um Interessenten für die Baugemeinschaft zu gewinnen.

> Balance zwischen Gestaltungsspielräumen und Typisierung: Für die Interessenten empfiehlt es sich, frühzeitig zu prüfen, welche Gestaltungsspielräume der Entwurf des Architekten zulässt – wobei jeder Architekt angehalten ist, ein sinnvolles Maß zwischen Typisierung und freien Gestaltungsmöglichkeiten zu finden.

Der Projektsteuerer als Initiator

Schwerpunkt des Projektsteuerers ist die handlungsfähige Gemeinschaft. Sein erster Anlaufpunkt bei der Entwicklung eines Baugemeinschaftprojekts ist normalerweise der Architekt, der über das erforderliche Bau- und Planungswissen verfügt.
Es gibt zwar Städte wie Hamburg, die selbst Gesellschaften damit beauftragen, Projekte zu entwickeln und zu betreuen. Doch meist sind Projektsteuerungsbüros, die für Baugemeinschaften arbeiten, eher kleinere Büros.

Der Projektsteuerer verfügt über ein breites Wissen, das es ihm ermöglicht, ein Projekt vor allem organisatorisch gut vorzubereiten. Ihm fehlt allerdings das notwendige Know-how, um die technische und planerische Machbarkeit einschätzen zu können. Zudem steht er vor der Frage: Werde ich genug Interessenten zusammenbringen?

Bauherren als Initiatoren

Architekten und Projektsteuerer, die als Initiatoren einer Baugemeinschaft aktiv werden, sind in der Regel von einem konkreten Objekt/Grundstück inspiriert. Der zukünftige Baugemeinschaftler hingegen agiert meist aus dem Wunsch heraus, günstiges Wohneigentum zu erwerben, verbunden mit der

Vorstellung von einer freundschaftlichen Nachbarschaft. Haben sich zwei oder drei angehende Bauherren zusammengefunden, sollten sie sich als Erstes nach einem erfahrenen Projektsteuerer oder Architekten umschauen. Auf diese Weise frühzeitig Fachkompetenz in Sachen Bau(-gemeinschaft) in die Wünsche und Überlegungen einzubinden festigt den Rahmen und lenkt das Ganze in eine klare, professionelle Fahrrinne.

Zudem können Architekt und Projektsteuerer dank ihrer Marktkenntnis bei der Suche nach dem richtigen Objekt (Grundstück/Altbau) behilflich sein. Denn eine Gemeinschaft ohne konkretes Objekt wird schnell zu einem Gesprächskreis, ist schließlich unmotiviert und zerfällt erfahrungsgemäß früher oder später.

Sobald einer der Initiatoren einen weiteren Partner für ein Projekt ins Boot geholt hat, kann bereits von einer Interessengemeinschaft gesprochen werden. Die Interessengemeinschaft geht noch keine rechtlichen oder vertraglichen Bindungen und somit auch kein finanzielles Risiko ein. Ihre Aufgabe besteht darin, die wichtigsten Eckpunkte eines Projekts zu erarbeiten.

Wie weit diese Vorüberlegungen gehen, obliegt den Beteiligten selbst. Eine Interessengemeinschaft aus Architekt und Projektsteuerer wird den Fokus auf den architektonischen Entwurf und die Kosten richten; eine Gruppe aus angehenden Bauherren und einem Projektsteuerer wird die Betonung wahrscheinlich stärker auf Kommunikationsstruktur und Rechtsform legen.

Haben die Überlegungen schließlich Hand und Fuß, kann die Interessengemeinschaft weitere Beteiligte suchen und zur Planungsgemeinschaft wachsen.

> Für jeden Weg zur Baugemeinschaft gilt: Alle drei Funktionen – Bauherren, Architekt, Projektsteuerer – sollten frühzeitig besetzt sein, damit aus der bloßen Interessen- eine handlungsfähige Planungsgemeinschaft werden kann.

Die Planungsgemeinschaft ist die eigentliche Keimzelle. Hier werden die Eckpunkte der künftigen Baugemeinschaft weiterentwickelt und in einer internen Vereinbarung (oder in Vorverträgen) festgehalten:
- erste Kostenüberlegungen
- die spätere Rechtsform[1] (Genossenschaft, Wohnungseigentümergemeinschaft oder eingetragener Verein)
- „unsere Grundphilosophie"
- Kommunikations- und Entscheidungsleitlinien
- Absichtserklärung, mit Projektsteuerer X

---

[1] Friedrich Heinzmann: Die freie Bauherrengemeinschaft. Praktische Überlegungen aus juristischer Sicht und Vertragsmuster. Ernst Wasmuth Verlag, 3. Aufl. 2006

und Architekt Y zusammenzuarbeiten
• Grundlagen des Baustandards

(siehe Maßnahmenbeschreibung).

Diese sogenannte Planungsvereinbarung macht die Gruppe juristisch zu einer Gesellschaft bürgerlichen Rechts (GbR, §§ 705 ff. BGB). Ob diese Vereinbarung notariell beglaubigt werden muss oder nicht, hängt von den Inhalten ab: Ist in ihr eine Verpflichtung des einzelnen Gesellschafters zum Miterwerb eines bestimmten Grundstücks aufgeführt, so muss rechtlich gesehen notariell beurkundet werden. Werden Formulierungen hingegen allgemein gehalten, zum Beispiel „(…) die Erlangung einer genehmigungsfähigen Planung", dürfte die Vereinbarung auch ohne Notar rechtswirksam sein. Rücksprache mit einem Rechtsanwalt oder Notar ist aber in jedem Fall sinnvoll, da in der Planungsvereinbarung Grundlagen gesetzt werden, die auch Auswirkung auf die spätere Höhe der Grunderwerbsteuer haben können.

> In der Planungsvereinbarung wird die erste Weiche in Richtung Vertrauen und Sicherheit für das interne Verständnis der Gruppe gestellt.

Doch Vorsicht! Wie ein Startup-Unternehmen, so ist auch die angehende Baugemeinschaft gut beraten, eher langsam zu wachsen. Eine Gruppe von höchstens sechs bis acht Personen gewährleistet kurze Informations- und Entscheidungswege sowie ein solides Maß an Übereinstimmung.

In der Regel ist es wesentlich einfacher, die Grundlagen für ein Projekt mit einer kleinen Gruppe auszutüfteln, als zu versuchen, sich mit zwanzig Personen auf einen Entwurf oder den gewünschten Baustandard zu einigen. Auf diese Weise kommt die Planungsgemeinschaft schneller zu einem Ergebnis, mit dem alle bereits Beteiligten guten Mutes voranschreiten können.

Positiver Nebeneffekt: Bei der Aufnahme weiterer Mitglieder erübrigen sich Diskussionen über Sinn und Unsinn des abgestimmten Entwurfs. Denn wer erst dazustößt, wenn die Grundlagen feststehen, kann sich diese anschauen und danach entscheiden: „Das Projekt gefällt mir" oder „Das Projekt gefällt mir nicht". Da die kleine Gruppe während dieser „Grundlagenphase" enger zusammenwächst, entwickelt sie gewissermaßen einen ersten eigenen Charakterzug. Das erleichtert die Entscheidung, ob dieser Interessent oder jene Interessentin dazu passt und in die Baugemeinschaft in spe aufgenommen wird.

> Die Planungsgemeinschaft bildet das emotionale und organisatorische Fundament der Baugemeinschaft.

Sobald die GbR Verbindlichkeiten gegenüber Dritten eingegangen ist, beispielsweise eine kostenpflichtige Kaufoption für ein Grundstück oder einen Vorvertrag mit dem Architekten abgeschlossen hat, kann von einer echten Baugemeinschaft die Rede sein.

Zu diesem Zeitpunkt empfiehlt es sich, wie auch bei Bauträgern für große Projekte üblich, eine Belegung von mindestens zwei Drittel der Wohnungen zu haben. Wird diese Belegungsgrenze ohne viele Kopfstände innerhalb einer überschaubaren Zeit erreicht, ist davon auszugehen, dass das Projekt „marktfähig" ist und am Ende wirklich alle Wohnungen vergeben sind. Dadurch verringert sich das Risiko für alle Beteiligten, irgendwann auf einem teuren Scherbenhaufen sitzen zu bleiben, erheblich.

SCHRITT FÜR SCHRITT ZUR BAUGEMEINSCHAFT
▶ Initiator ▶▶ Interessengemeinschaft
▶▶▶ Planungsgemeinschaft
▶▶▶▶ Baugemeinschaft

CHECKLISTE PLANUNGSVEREINBARUNG

Allgemeine Angaben
- Nennung der Gruppenmitglieder
- Ziele der Planungsgemeinschaft (z. B. Erwerb des Grundstücks XY oder Erarbeiten einer genehmigungsfähigen Planung)
- geplante Rechtsform der zukünftigen Baugemeinschaft
- Grundphilosophie (z. B. Berücksichtigung ökologischer Aspekte)
- ideelle Ziele (z. B. Generationenübergreifendes Wohnen)
- Kostenziele
- Planungsskizzen (als Anlage)

Angaben zur Arbeitsweise
- Sprecher/Geschäftsführer der Gruppe
- Bevollmächtigung der Sprecher im Hinblick auf Rechtsgeschäfte
- Regeln zur Entscheidungsfindung (z. B. Mehrheitsentscheidungen oder 2/3-Entscheidungen)
- Umgang mit Pattsituationen
- Verfahren bei der Aufnahme neuer Mitglieder
- Einladungen zu Sitzungen (Wer lädt wie ein?)
- Sitzungsprotokolle

Sonstige Angaben
- Festlegung auf Projektsteuerer
- Festlegung auf Architekt
- Vergabe der einzelnen Wohnungen (sofern Vorentwurf vorhanden)
- Mitgliedsbeitrag (Höhe, Verwendung sowie Verfahren bei Auflösung der Gesellschaft)

Planen und Bauen im Team

Was macht eigentlich eine Baugemeinschaft aus? Um das zu beantworten, lohnt sich der direkte Vergleich zwischen den drei grundlegenden Möglichkeiten, sich den Traum vom Wohnungseigentum zu erfüllen:

A. DAS BAUTRÄGER-PRINZIP

Pointiert ausgedrückt handelt es sich hierbei um den Erwerb eines „Katalogprodukts". Der Bauherr kauft von einem Anbieter (Bauträger) seiner Wahl ein Komplettpaket: Hat er ein eigenes Grundstück, kauft er nur das Haus; hat er kein Grundstück, kann dies bei vielen Bauträgern gleich miterworben werden. Immer aber wird der Bauherr nur einen Vertrag abschließen. Sämtliche Verhandlungen mit Firmen sowie die Beauftragung und Beaufsichtigung der verschiedenen Gewerke und Bauabschnitte, all das obliegt dem Bauträger. Insofern ist dieser auch der alleinige Risikoträger.

Solch ein vermeintlicher „Rundumsorglos"-Service für den Bauherrn kostet natürlich – zumal der Bauträger nicht zuletzt seine Gewinnmarge bei diesem Geschäft im Auge hat. Das bedeutet oft ein hohes Maß an (kostengünstigeren) Standardisierungen. Ästhetische Kriterien spielen bei einem Bauträger eine eher untergeordnete Rolle. Zudem besteht die Gefahr, dass nicht unbedingt der qualitativ bessere bzw. zuverlässigere Handwerksbetrieb beauftragt wird, sondern der günstigste.

Schließlich kauft der Bauträger alle Bauleistungen auf dem Markt ein, um sie mit möglichst großer Gewinnspanne an den Bauherrn „weiterzuverkaufen". So ist der Endpreis bei einem Bauträger der Marktpreis, also der Preis, den man bei einem vergleichbaren Objekt auf dem Markt erzielen kann.

Wer nicht so viel Wert auf die eigene kreative Handschrift legt, ein paar Euros mehr für die Wohnung ausgeben kann und den Kopf während der Bauphase für andere Dinge frei haben will, ist bei einem Bauträger am besten aufgehoben.

TIPP: Referenzen abklopfen!

B. DAS HÄUSLEBAUER-PRINZIP

Das eigene Haus auf dem Land bauen oder sich die 250-Quadratmeter-Loftwohnung sanieren und dabei alle kreativen Freiheiten genießen: Über jeden Schalter, jede Fliesenfuge, jedes Fenster darf eigenmächtig bestimmt werden. Ob dieser oder jener Handwerksbetrieb, ob Heizköper oder Fußbodenheizung, ob Kunststoff- oder Holzfenster, die Entscheidung trifft allein der Bauherr. Diese Freiheiten sind allerdings mit viel Arbeit verbunden. Nicht jeder ist zum „Häuslebauer" geboren, zumal sich die meisten ohne jegliche Bauerfahrung in dieses Abenteuer stürzen. Eigenverantwortlich ein Haus zu bauen gleicht in dem Fall jenem berühmten „Sprung ins kalte Wasser" – einem Sprung, der zudem mit vergleichsweise hohen Baupreisen verbunden ist: Jeden notwendigen finanziellen Posten wie Kran, Erschließung und Ingenieurhonorar trägt der Bauherr allein. Gemeinkosten – das sind Grundkosten, die mit den Mitbauherren und -damen geteilt werden – gibt es nicht.

Was jedoch generell möglich ist, sind kostensenkende Eigenleistungen am Bau, sei es, dass der Bauherr gerne selber die Fliesen verlegen oder die Wände in Eigenregie streichen möchte – schließlich kann auch das Tempo des Bauprozesses selbst bestimmt werden.

Wer von den individuellen eigenen vier Wänden träumt, Lust hat, dafür die volle Verantwortung zu übernehmen, entscheidungsfreudig ist und nicht auf jeden Cent achten muss, der wird als Häuslebauer in seinem Element sein. Tipp: Der Häuslebauer sollte nach einem Architekten suchen, dessen gebaute Beispiele ihm gefallen und dessen persönliche Art der eigenen zumindest ähneln. Denn mit der Zusammenarbeit gehen beide eine temporäre Beziehung ein, in der ein offener Gedankenaustausch möglich sein sollte. Und das geht einfach besser mit einem guten Schuss Sympathie.

C: DAS BAUGEMEINSCHAFTSPRINZIP

Hier vermengen sich im Grunde sowohl Elemente des Bauträger- als auch des Häuslebauer-Prinzips:

- Verantwortung und Risiken werden gemeinschaftlich getragen – wobei der Grad der Individualität und damit oft auch der Qualität um einiges höher ist als beim Bauträger-Prinzip.

- Das größere Auftragsvolumen sichert insgesamt günstigere Baupreise, zum einen wegen der nicht zu unterschätzenden Gemeinkosten, zum anderen, weil das Projekt dadurch für die ausführenden Firmen attraktiver ist, so dass bessere Angebotspreise erzielt werden können. Außerdem kauft die Baugemeinschaft jede Leistung selber auf dem Markt ein, und zwar ohne Zwischenhändler, so dass sie den Realpreis erzielen können.

- Eine gewisse Typisierung ist zwar erforderlich, um den planerischen, organisatorischen und finanziellen Aufwand überschaubar zu halten, aber der Grad der Typisierung ist letztendlich eine Gruppenentscheidung.

- Jede Baugemeinschaft sitzt dank der Expertise ihrer Mitglieder auf einem reichen Erfahrungsschatz.

- Finanziell wichtiger Vorteil bei einem Baugemeinschaftsprojekt ist die Höhe der Grunderwerbsteuer. Da noch keine fertige Planung vorliegt und es somit nennenswerte Mitsprachemöglichkeiten für die Baugemeinschaftler gibt, wird in der Regel nur auf die Kosten des Grundstücks Grunderwerbsteuer gezahlt. Das kann bei einem Wohnungswert von 250.000 € schnell eine Ersparnis von 10.000 € je Wohnung bedeuten.

Beim Bauträgermodell hingegen sind alle Planungen und Standards festgelegt, weshalb der Käufer Grunderwerbsteuer auf Grundstück *und* Baukosten zahlen muss.

> Prinzip der Baugemeinschaft: Kosten, Verantwortung und Risiken sind auf mehrere Schultern verteilt.

Aufstellung des Teams

Ein Baugemeinschaftsmodell – das sei hier noch einmal betont – funktioniert am besten, wenn sich alle Beteiligten als Team verstehen und auch so agieren. Üblicherweise hat jeder Beteiligte bestimmte Qualitäten und in dem Baugemeinschaftsteam seine entsprechende Position – wie in einer Fußballmannschaft: So wenig wie ein Torwart ein Stürmer ist, so wenig ist ein Bauherr ein Projektsteuerer oder ein Architekt ein Bauherr.

DIE BAUDAMEN UND BAUHERREN

In einer Baugemeinschaft ist der eigentliche „Bauherr" eine Gruppe, die wiederum aus verschiedenen Baudamen und -herren mit jeweils eigenen Ideen, Wünschen und Bedürfnissen besteht. Das heißt, als Mitglied der Baugemeinschaft befindet man sich in einer Doppelrolle: Einerseits ist man Teil eines juristischen Konstrukts *(in der Regel einer GbR)* und muss im Interesse der Gruppe agieren; andererseits ist man Bauherr seiner „eigenen vier Wände" und kann sich, ohne jemanden zu fragen, Badezimmerfliesen für 250 Euro je Quadratmeter oder auch einen goldenen Wasserhahn gönnen. Im Verlauf des Planungs- und Bauprozesses – vor allem in den ersten Monaten – gibt es Phasen, in denen wesentlich mehr Gruppenentscheidungen gefordert sind: Holz- oder Kunststofffenster? Sichtbetontreppen oder Stahlbetontreppen mit Natursteinbelag?

Und dann gibt es die Phasen, in denen die Einzelpersonen etliches entscheiden müssen: Kaminofen oder nicht? Das Fenster mehr links oder doch eher etwas nach rechts? Wollen wir eine Wandscheibe?

Dass es bisweilen zu Spannungen zwischen den beiden Rollen „Teamplayer" und „Einzelkämpfer" kommt, lässt sich kaum vermeiden. Schließlich legt niemand seinen persönlichen Geschmack ab, sobald er/sie in einer Gemeinschaft agiert. Die Erfahrung zeigt allerdings, dass die Gruppe als solche extreme Egotrips abfedert – insbesondere, wenn der Moderator sein Handwerk versteht. Zumal die Qualität und „Schönheit" einer Planung kaum unter einer Detailentscheidung für Türgriff X oder Türgriff Y leidet, wenn der Entwurf grundsätzlich überzeugend ist.

> TIPP: Jeder Bauherr und jede Baudame sollte in jeder Phase abwägen, welche Rolle gerade mehr gefragt ist.

DER PROJEKTSTEUERER

Im Grunde macht der Projektsteuerer nichts anderes, als originäre Bauherrenaufgaben in der Projektabwicklung zu übernehmen. Insofern ist er ein Vertrauter und Interessenvertreter der Bauherren: Er managt das Gesamtprojekt in ihrem Sinne. Deshalb besteht seine wichtigste Aufgabe auch darin, den Überblick zu behalten. Kurz gesagt: Je größer das Projekt, desto größer die Bedeutung des Projektsteuerers.

Da sich die Kosten für den Projektsteuerer nach dem Umfang seiner Aufgaben richten, sollte die Baugemeinschaft sich genau überlegen: Wie viel Projektsteuerung wollen und brauchen wir? Sind in unseren Reihen die erforderlichen Kompetenzen und Kapazitäten vorhanden, um einige Aufgaben (z. B. Protokollierung und/oder Leitung der Sitzungen, Buchführung, Mitgliedergewinnung) selbst zu übernehmen?

Doch Vorsicht: Einige Aufgaben sind sehr komplex und zeitintensiv und daher kaum mit dem Berufsalltag eines Baugemeinschaftsmitglieds zu vereinbaren. Auch bei der Leitung von Baugemeinschaftssitzungen durch Mitglieder ist Vorsicht geboten, denn diese Aufgabe erfordert es, gut zwischen eigenem

Interesse und den Bedürfnissen der Gruppe unterscheiden zu können (siehe dazu Seite 40).

Projektsteuerer ist keine geschützte Berufsbezeichnung wie Rechtsanwalt oder Architekt. Darum gibt es auch keine gesetzlichen Regelwerke, die Vertragsart oder -inhalte festlegen. Das Gleiche gilt für die Höhe der Vergütung. Will man aber etwas tiefer in die Materie einsteigen und etwas Wissensboden unter die Füße bekommen, lohnt sich ein Blick zum – jetzt kommt's – Ausschuss der Verbände und Kammern der Ingenieure und Architekten für die Honorarordnung e.V.

In der dafür zuständigen Fachkommission beschäftigt sich der AHO mit Fragen zur Projektsteuerung, zum Beispiel in Nr. 9 der fortlaufend aktualisierten Schriftenreihe mit dem Thema „Projektmanagementleistungen in der Bau- und Immobilienwirtschaft". Darin werden die einzelnen Leistungen und das dafür angemessene Honorar definiert. Wenn auch keine gesetzliche Bestimmung, so steht damit als Orientierungshilfe ein durchaus brauchbarer Vorschlag der Fachkommission zur Verfügung mit folgendem Inhalt:

LEISTUNGSBESCHREIBUNG DES PROJEKTSTEUERERS

Das Leistungsbild der Projektsteuerung umfasst die Leistungen von Auftragnehmern, die Funktionen des Auftraggebers bei der Steuerung mit mehreren Fachbereichen in Stabsfunktion übernehmen.

Die Grundleistungen sind in den Projektstufen 1 bis 5 zusammengefasst:

1. Projektvorbereitung
2. Planung
3. Ausführungsvorbereitung
4. Ausführung
5. Projektabschluss

Die 5 Handlungsbereiche sind:
- Organisation, Information, Koordination und Dokumentation
- Qualitäten und Quantitäten
- Kosten und Finanzierung
- Termine, Kapazitäten und Logistik
- Verträge und Versicherungen

Das Leistungsbild beinhaltet: dessen Aufstellen, Abstimmen und Fortschreiben, insbesondere:
- die Vorgabe der Solldaten (Planen/Ermitteln)
- die Kontrolle (Überprüfen und Soll-/Ist-Vergleich)
- die Steuerung (Abweichungsanalyse, Anpassen, Aktualisieren)

Mitwirken im Sinne des Leistungsbildes heißt stets, dass der Projektsteuerer die genannten Teilleistungen in Zusammenarbeit mit den anderen Projektbeteiligten inhaltlich abschließend zusammenfasst und dem Auftraggeber zur Entscheidung vorlegt.

Sämtliche Ergebnisse der Projektsteuerung erfordern vor Freigabe und Umsetzung die vorherige Abstimmung mit dem Auftraggeber.

Kurz gesagt: Der Projektsteuerer hat die Vorgaben aus der Planungsvereinbarung bzw. aus dem späteren GbR-Vertrag im Sinne der Baugemeinschaft umzusetzen. Die umzusetzenden Inhalte finden sich in Kostenverteilungsplan, Projektablaufplan (siehe Seite 29) und Maßnahmenbeschreibung (siehe Anhang).

Projekt: Baugemeinschaft AB

Whg.-Nr.	Eigentümer	Wohnfläche	Kaufpreis anteilig	Erwerbsnebenkosten anteilig	Abriss / Freimachung anteilig	ZW-Summe	Multiplikator
1	AA	120,0 m²	39.960 €	3.733 €	9.600 €	53.293 €	100,00%
2	BB	120,0 m²	39.960 €	3.733 €	9.600 €	53.293 €	100,00%
3	CC	100,0 m²	33.300 €	3.111 €	8.000 €	44.411 €	115,00%
4	DD	115,0 m²	38.295 €	3.578 €	9.200 €	51.073 €	115,00%
5	EE	165,0 m²	54.945 €	5.133 €	13.200 €	73.278 €	100,00%
6	FF	165,0 m²	54.945 €	5.133 €	13.200 €	73.278 €	90,00%
7	GG	155,0 m²	51.615 €	4.822 €	12.400 €	68.837 €	110,00%
8	HH	150,0 m²	49.950 €	4.667 €	12.000 €	66.617 €	110,00%
9	JJ	75,0 m²	24.975 €	2.333 €	6.000 €	33.308 €	90,00%
10	KK	60,0 m²	19.980 €	1.867 €	4.800 €	26.647 €	90,00%
11	MM	120,0 m²	39.960 €	3.733 €	9.600 €	53.293 €	90,00%
12	NN	120,0 m²	39.960 €	3.733 €	9.600 €	53.293 €	100,00%
13	OO	105,0 m²	34.965 €	3.267 €	8.400 €	46.632 €	110,00%
14	PP	110,0 m²	36.630 €	3.422 €	8.800 €	48.852 €	110,00%
15	RR	145,0 m²	48.285 €	4.511 €	11.600 €	64.396 €	84,00%
16	SS	145,0 m²	48.285 €	4.511 €	11.600 €	64.396 €	75,00%
17	TT	120,0 m²	39.960 €	3.733 €	9.600 €	53.293 €	75,00%
18	UU	160,0 m²	53.280 €	4.978 €	12.800 €	71.058 €	130,00%
Summe		2.250,0 m²	749.250 €	70.000 €	180.000 €	999.250 €	

DAS MACHT EINEN GUTEN PROJEKTSTEUERER FÜR EINE BAUGEMEINSCHAFT AUS:

- Er agiert vorausschauend.
- Er handelt stets im Interesse des Gesamtprojekts.
- Er wirkt moderierend.
- Er nimmt alle Beteiligten mit, indem er für transparenten und regelmäßigen Informationsfluss sorgt.
- Er wahrt neutrale Distanz, um sich nicht von den Wünschen Einzelner vereinnahmen zu lassen.

Kostenverteilungsplan Gesamtprojekt

Stand: 01.01.2010

anteilige Grundstückskosten	Baukosten Gemeinschaftseigentum	Baunebenkosten	Gemeinschaftskosten Herstellung	Baukosten Sondereigentum	Gesamtkosten	Kosten je m²
KG 100+200	KG 300+400+500	KG 700	KG 300+400 500+700	KG 300+400	KG 100 bis 700	
53.293,33 €	131.400 €	29.280 €	160.680 €	39.000 €	252.973 €	2.108 €
53.293,33 €	131.400 €	29.280 €	160.680 €	39.000 €	252.973 €	2.108 €
51.072,78 €	109.500 €	24.400 €	133.900 €	32.500 €	217.473 €	2.175 €
58.733,69 €	125.925 €	28.060 €	153.985 €	37.375 €	250.094 €	2.175 €
73.278,33 €	180.675 €	40.260 €	220.935 €	53.625 €	347.838 €	2.108 €
65.950,50 €	180.675 €	40.260 €	220.935 €	53.625 €	340.511 €	2.064 €
75.720,94 €	169.725 €	37.820 €	207.545 €	50.375 €	333.641 €	2.153 €
73.278,33 €	164.250 €	36.600 €	200.850 €	48.750 €	322.878 €	2.153 €
29.977,50 €	82.125 €	18.300 €	100.425 €	24.375 €	154.778 €	2.064 €
28.982,00 €	65.700 €	14.640 €	80.340 €	19.500 €	128.822 €	2.147 €
42.964,00 €	131.400 €	29.280 €	160.680 €	39.000 €	242.644 €	2.022 €
53.293,33 €	131.400 €	29.280 €	160.680 €	39.000 €	252.973 €	2.108 €
51.294,83 €	114.975 €	25.620 €	140.595 €	34.125 €	226.015 €	2.153 €
53.737,44 €	120.450 €	26.840 €	147.290 €	35.750 €	236.777 €	2.153 €
54.092,73 €	158.775 €	35.380 €	194.155 €	47.125 €	295.373 €	2.037 €
48.297,08 €	158.775 €	35.380 €	194.155 €	47.125 €	289.577 €	1.997 €
39.970,00 €	131.400 €	29.280 €	160.680 €	39.000 €	239.650 €	1.997 €
92.375,11 €	175.200 €	39.040 €	214.240 €	52.000 €	358.615 €	2.241 €
999.605,29 €	2.463.750 €	549.000 €	3.012.750 €	731.250 €	4.743.605 €	2.108 €

DER (BAUGEMEINSCHAFTS-)ARCHITEKT

Tatsächlich ist nicht jeder Architekt automatisch für das Arbeiten mit einer Baugemeinschaft geeignet. Denn als Architekt einer Baugemeinschaft ist er ebenso wie die Bauherren und der Projektsteuerer Teil eines Teams und als solcher bestimmten Rahmenbedingungen unterworfen.

So entwickelt der Architekt zunächst die konzeptionelle Idee unter Berücksichtigung des Bedarfs der Baugemeinschaft. Es kann nicht schaden, dabei etwas geschmeidig vorzugehen. Schließlich haben die Baudamen und Bauherren eigene Vorstellungen von ihrem Glück und dem Haus, in dem sie einmal leben werden. Und keine Sorge, das wird bestimmt keine „Villa Kunterbunt" sein …

> Pass auf, dass du dir kein Denkmal setzen willst – aber halte eine architektonische Linie!

Daher ist es durchaus von Vorteil, wenn die architektonische Philosophie eher einer konstruktiven oder strukturalistischen Auffassung entspricht. Denn das bedeutet in der Regel, dass der Architekt sich weniger als Künstler versteht und entsprechend verwirklichen möchte, sondern – wie die alten Baumeister – ein architektonisches Konzept im Zusammenhang mit statischen und technischen Anforderungen betrachtet und entwickelt.

Meist ist er dann auch ein Vertreter der sogenannten integrierten Planung: Das architektonische Konzept entsteht im Dialog mit den benötigten Fachdisziplinen. So sollte der Architekt zum Beispiel frühzeitig mit dem Statiker über mögliche Spannweiten von Decken sprechen oder, bei der Planung eines Passivhauses, sich mit dem Haustechniker an einen Tisch setzen, um den Platzbedarf für die technischen Anlagen zu klären.

Eine solche integrierte Planung bietet eine wesentlich höhere Sicherheit im Hinblick auf Kosten und Machbarkeit. Denn je eher Stolperfallen und Hindernisse erkannt werden, desto eher kann reagiert werden, und zwar schon im Entwurf, bevor das „Kind in den Brunnen gefallen" ist. Wird beispielsweise ein Treppenloch in der Mitte einer weitgespannten Stahlbetondecke entworfen, kann es passieren, dass der Statiker plötzlich vier Stützen benötigt, damit die Decke hält. Ob diese dann zum Raumkonzept passen und auch bezahlt werden können, steht auf einem ganz anderen Blatt … Apropos Kosten: Ein guter Architekt geht verantwortungsvoll mit dem Geld der Bauherren um, hat also bei seiner Planung auch immer den finanziellen Aspekt im Blick.

> **BAUHERREN-TIPP:** Es lohnt sich, dem potenziellen Architekten „Löcher in den Bauch" zu fragen und ihn auf Herz und Nieren zu prüfen. Wie fundiert ist sein technisches Verständnis? Wie tragfähig ist sein Konzept? Hat er bereits Erfahrung mit Baugemeinschaften? Worin sieht er seine Aufgabe? Wie schnell lässt er sich verunsichern?

Risikoverteilung und Projektkontrolle

Wer sich als Team versteht, sollte die Risiken fair verteilen sowie im Hinblick auf das gemeinschaftliche Ziel eine gewisse Portion Selbstdisziplin und -kontrolle an den Tag legen. Beides dient einem ruhigen Projektverlauf, minimiert somit die Fehlerquote und senkt das Gesamtrisiko.

Wer hat welche Risiken im Team „Baugemeinschaft"?
Derjenige, der ein Baugemeinschaftsprojekt initiiert, hat erst einmal kaum ein Risiko, ebenso wenig wie die Interessengemeinschaft in der Anfangszeit des Projekts. Weder haftet irgendwer für irgendwas, noch werden finanzielle Verpflichtungen eingegangen. Sollte das Projekt vorzeitig platzen, fällt höchstens eine vereinbarte Aufwandsentschädigung für den Architekten oder den Projektsteuerer an. Und nicht einmal die investierte Zeit und Energie sind wirklich verloren, schließlich sind alle Beteiligten um die eine oder andere wichtige Erfahrung reicher …

Anders sieht es aus, sobald die Planungsgemeinschaft ins Leben gerufen wird: In der Regel leistet zu diesem Zeitpunkt jeder Bauherr eine einmalige Einlage in Höhe von 1.000 € bis 3.000 €. Diese ist auch beim Ausscheiden eines Gruppenmitglieds nicht rückzahlbar und dient dazu, die Handlungsfähigkeit der Gruppe während der sogenannten Vorbereitungsphase zu gewährleisten. So können gegebenenfalls die Werbung neuer Mitglieder, das Honorar für einen Vorentwurf und erforderliche Vorverträge, zum Beispiel mit einem Bodengutachter, finanziert werden.

Diese Anzahlung hat aber auch einen psychologischen Effekt: Da sie mit später geleisteten Zahlungen verrechnet, aber nicht zurückgezahlt wird, muss man sich als potenzieller Wohnungseigentümer frühzeitig über die Konsequenzen seiner Entscheidung im Klaren sein. So gibt jede und jeder Einzelne mit dieser Investition auch ein äußeres

Signal, dass sie/er sich als Teil der künftigen Baugemeinschaft versteht. Die Bauherrenschaft ist somit verbindlich geworden, und jeder Einzelne übernimmt nun Verantwortung im Sinne des Projektziels. Auf diese Weise sichern sich die Teammitglieder gegenseitig ab, die Gruppe formiert sich nach innen und agiert nach außen als Einheit.

Um die Handlungsfähigkeit der Planungsgemeinschaft zu gewährleisten, bedarf es jedoch der oben erwähnten schriftlichen Vereinbarung, die alle wichtigen Aspekte regelt und die Absichtserklärung enthält, mit dem Projektsteuerer X und dem Architekten Y an einem Projekt Z zusammenzuarbeiten.

Ein solcher Vorvertrag – oder auch eine Absichtserklärung – ist zwar formalrechtlich gesehen ein wackliges Gebilde, hat aber als ideelle Verpflichtungserklärung Gewicht („Wir ziehen an einem Strang und sitzen in einem Boot.") und verringert somit das Risiko für alle Beteiligten, dass es bei einem Luftschloss bleibt: Die Identifikation mit dem Projekt ist das eigentliche Fundament und damit die Grundvoraussetzung für den erfolgreichen Bau!

> Zeig mir, wie deine Baustelle anfängt, und ich sage dir, wie sie aufhört.
> (Alte Bauleiterweisheit)

In der Vorbereitungsphase erhalten der Architekt und der Projektsteuerer zwar eine Vergütung für die geleistete Vorarbeit, aber nicht unbedingt einen Vertrag. Insofern leisten auch sie in dieser Phase einen Beitrag zur Risikoverteilung. Für den Architekten dürfte es zudem schwer werden, Urheberrechte an ersten Vorentwürfen oder Konzepten geltend zu machen, sollten sich die Bauherren gegen ihn entscheiden. Es sei denn, es handelt sich um einen architektonisch sehr außergewöhnlichen Entwurf.

ES GEHT ANS EINGEMACHTE: DIE BAUGEMEINSCHAFT

Ist die Gruppe erst einmal handlungsfähig, können so wichtige Schritte folgen wie der Abschluss des Architekten-, des Projektsteuerer- und des umfassenden GbR-Vertrages sowie der Erwerb des Grundstücks/Hauses. Das ist der berühmte „Point of no Return", zumal jetzt sowohl volles Haftungs- wie auch finanzielles Risiko besteht.

Um die Risiken für alle Beteiligten an diesem Punkt möglichst gering zu halten, müssen bestimmte Voraussetzungen erfüllt sein:

- Die Finanzierung des Gesamtprojekts ist gesichert, das heißt, die Bonitätsprüfungen aller Bauherren liegen vor (vgl. Seite 44).
- Hinreichend genaue Planung des Gesamtprojekts bezüglich Architektur, Kosten, Termine und Ausführungsqualität (Aufgabe von Architekt/Projektsteuerer) sowie der einzelnen Einheiten hinsichtlich Lage, Größe und mögliche Grundrissgestaltung (Aufgabe von Architekt/Bauherren).
- Möglichst zwei Drittel der Wohneinheiten sind belegt, so dass das Projekt ausreichend marktfähig ist.

WICHTIG: Je weiter ein Projekt gediehen und je klarer der planerische Rahmen ist, desto größer wird der Sogeffekt auf neue Interessenten.

Der Kauf eines Grundstücks oder Hauses ist nicht sinnvoll ohne einen notariell beglaubigten GbR-Vertrag, der die Rechte und vor allem die Pflichten aller Beteiligten regelt. Dieser Vertrag sollte zudem eine Vorentwurfsplanung mit einem Maßnahmenkatalog (Beschreibung des baulichen Standards für die wichtigsten Bauelemente) sowie eine Kostenschätzung (vgl. Seite 53) enthalten, um sicherzustellen, dass alle von dem gleichen Ziel ausgehen und um ein Kontrollinstrument bei möglichen Diskussionen parat zu haben.

CHECKLISTE GBR-VERTRAG

- Gruppenmitglieder
- Zweck der Gesellschaft
- Gesellschaftskapital und Gesellschaftsanteile
- Verwendung des Gesellschaftsvermögens (Errichten der Wohnungen)
- bauliche Ausführung (Standard)
- Finanzierung
- Geschäftsführung
- Kontrollrechte
- Gesellschafterversammlung
- Stimmrecht und Beschlussfassung
- Mitwirkungspflicht
- Aufnahme von Mitgliedern
- Ausscheiden von Gesellschaftern
- finanzieller Ausgleich bei Ausscheiden
- Tod eines Gesellschafters
- Bildung von Wohnungseigentum
- Auflösung der Gesellschaft

Anlagen
- Kostenschätzung (alle 7 Kostengruppen)
- Kostenverteilungsplan (untergliedert in Gemeinschafts- und Sondereigentum)
- Lageplan des Grundstücks (inkl. Bebauung)
- Wohnungsgrundrisse (mind. Wohnungsgrenzen)
- Maßnahmenbeschreibung

Von zentraler Bedeutung in dem GbR-Vertrag ist der Aspekt „Ausstieg eines Mitglieds": Das Risiko, dass jemand gehen möchte oder muss, ist zu minimieren, denn sonst besteht die Gefahr, dass das Projekt nicht mehr finanzierbar ist und die übrigen Mitglieder auf einem Scherbenhaufen sitzen bleiben. Die Ausstiegsklausel ist deshalb juristisch sehr sorgfältig zu fassen, und die finanzielle Ausstiegshürde muss entsprechend hoch sein. Damit die Klausel im Falle des Falles gerichtsfest ist, empfiehlt es sich, in den etwas teureren Apfel zu beißen und den gesamten Vertrag von einem erfahrenen Juristen, am besten von einem Notar, formulieren zu lassen.

Parallel zu dem Vertrag zwischen den einzelnen Bauherren bindet die Baugemeinschaft auch den Projektsteuerer und den Architekten vertraglich. Die beiden voneinander unabhängigen Verträge nehmen den Projektsteuerer und den Architekten einerseits in die Pflicht, andererseits bietet ihnen die vertragliche Bindung, aber auch Sicherheit.

DER ARCHITEKTENVERTRAG

Jeder Architektenvertrag orientiert sich grundsätzlich an der „Honorarordnung für Architekten und Ingenieure" (HOAI), denn das ist das gesetzliche Instrumentarium, in welchem die Rechte und Pflichten des Architekten formuliert sind. Insofern sind die standardisierten Architektenverträge durchaus eine gute Grundlage, können aber je nach Bedarf ergänzt werden.

Üblicherweise wird der Architekt für alle neun Leistungsphasen
1   Grundlagenermittlung
2   Vorplanung
3   Entwurfsplanung
4   Genehmigungsplanung
5   Ausführungsplanung
6   Vorbereitung der Vergabe
7   Mitwirkung bei der Vergabe
8   Objektüberwachung
9   Objektbetreuung und Dokumentation
beauftragt, da er dann auch für alles, was direkt mit dem Bau zusammenhängt, rechtlich geradestehen muss, seien es explodierende Kosten oder gravierende Baumängel.

Sinnvolles Instrument zur Minimierung des finanziellen Risikos auf Seite der Bauherren ist eine stufenweise Beauftragung des Architekten. Dabei wird die Beauftragung einer HOAI-Phase an bestimmte Bedingungen geknüpft. Zum Beispiel ist es möglich, dass schon der Entwurf (HOAI-Phase 3) angefertigt werden muss, bevor das Grundstück rechtskräftig erworben ist.

Folglich würde es im Architektenvertrag heißen: Bei Erwerb des Grundstücks wird hiermit Phase 4 (Bauantrag) gem. HOAI beauftragt. Tritt also die erforderliche Bedingung (Grundstückskauf) nicht ein, endet der Vertrag mit dem Architekten, ohne dass man diesem den entgangenen Gewinn für die restlichen Phasen der HOAI erstatten muss.

Eine generelle stufenweise Beauftragung des Architekten (und auch des Projektsteuerers) halten wir jedoch nicht für sinnvoll. Zwar bedeutet das mehr Freiheit, bei aufkommendem Unmut den jeweiligen Vertragspartner auszutauschen, birgt aber das Risiko, in angespannten Zwischenphasen den Emotionen statt den Fakten zu folgen. Im Übrigen gälte dieses Recht ja auch für die andere Vertragsseite, die sich dann allzu leicht „aus dem Staub machen" könnte. Der Wechsel eines Vertragspartners ist aber in jedem Fall mit Reibungsverlusten verbunden, seien diese nun rein zeitlicher oder auch finanzieller Natur. Viel zielführender ist es, den Architekt vor Vertragsabschluss möglichst genau zu prüfen – und entsprechendes Vertrauen zu gewinnen.

DER PROJEKTSTEUERERVERTRAG

Projektsteuerer ist ebenso wie Berater keine geschützte Berufsbezeichnung. Insofern gibt es – anders als bei dem Architektenvertrag – für den Projektsteuerervertrag auch keinerlei formale Vorlagen, der Vertrag ist also Punkt für Punkt frei verhandelbar. Wichtig dabei:

Je konkreter die einzelnen Aspekte wie Kosten- und Qualitätskontrolle, Terminplanung, Moderation und Informationsfluss/Kommunikation definiert sind, desto besser kann sich der Projektsteuerer an dem Vertragsinhalt orientieren und desto mehr Kontrollmöglichkeiten haben die Baugemeinschaftsmitglieder beziehungsweise die Geschäftsführung (siehe Seite 41). Der Projektsteuerervertrag erfüllt somit die Funktion eines bindenden Tätigkeitsprofils.

CHECKLISTE PROJEKTSTEUERERVERTRAG

Allgemeine Leistungen und Angaben
- Leistungsbeschreibung (ggf. in Anlehnung an AHO)
- Einladen zu Baugemeinschaftstreffen
- Vorbereiten der Treffen
- Benennen der Häufigkeit von Sitzungen
- Vertragslaufzeit

Besondere Leistungen
- Zuarbeit bei Kreditbeschaffung
- Werben neuer Mitglieder
- Kontoführung
- Buchführung
- Vorbereiten der Mittelabforderungen

Anlagen
- Kostenverteilungsplan
- Projektablaufplan
- Maßnahmenbeschreibung
- Vorentwurf (sofern schon vorhanden)

Bei einer durchschnittlichen Projektsteuerungsaufgabe, dazu gehören auch „normale" Baugemeinschaftsprojekte mit einem Gesamtvolumen von 2 bis 10 Mio. €, ergeben sich Projektsteuerungskosten von ca. 3 bis 4,5 Prozent des Gesamtvolumens.

> **ACHTUNG:**
> Manche Projektsteuerer, die auch Projektinitiatoren sind, setzen für zusätzliche Leistungen relativ hohe Kosten an (z. B. Werbung neuer Mitglieder = Maklergebühr).

SICHER IST SICHER

Ein weiteres Instrument im Hinblick auf sinnvolle Risiko- und Aufgabenverteilung ist – neben möglichst detaillierten Verträgen – der Komplex Versicherungen. Welche Versicherungen muss welcher Vertragspartner haben? Welche sind unter bestimmten Umständen zweckmäßig? Und welche kann man sich sparen?
Bei allen Fachplanern (Architekt, Statiker, Haustechniker usw.) ist eine Berufshaftpflicht gesetzlich vorgeschrieben. Sie beinhaltet immer einen Versicherungsteil für Personen- und einen für Sachschäden. Da Projektsteuerer kein gesetzlich geschützter Beruf ist, gibt es unseres Wissens nach keine gesetzliche Regelung zur Frage der Berufshaftpflicht. Dennoch vertreten wir die Auffassung, dass jeder gewerblich Tätige eine solche Versicherung haben sollte.

Bei den beauftragten Firmen sieht es ähnlich aus: Jede Firma braucht eine Betriebshaftpflichtversicherung. Abgesehen von Pflicht oder nicht Pflicht sind diese Versicherungen sehr wichtig. Fällt einem Arbeiter ein Mauerstein auf den Kopf, oder reißt ein Sturm das Gerüst aus seiner Verankerung, entstehen schnell enorme Schäden, die nicht mehr aus der Kaffeekasse bezahlt werden können.

Zwar ist bei einem Schaden nicht immer von Beginn an klar, wer dafür verantwortlich ist, da aber alle Vertragspartner eine entsprechende Versicherung haben, ist der Fortgang des Projekts in der Regel nicht gefährdet.

> **TIPP AUS DER PRAXIS:**
> Die Berufshaftpflichtversicherung von den Vertragspartnern vorlegen lassen!

Bei den Baudamen und Bauherren sieht es ganz anders aus. Denn sie sind nicht gesetzlich verpflichtet, irgendeine Versicherung während der Bauphase abzuschließen. Ein Blick in die Angebote von Versicherungen reicht, um den Wald vor lauter Bäumen nicht mehr zu sehen: Feuerrohbauversicherung, Elementarschadenversicherung, Bauherrenhaftpflichtversicherung, Bauhelferversicherung ... Der Phantasie sind keine Grenzen gesetzt!

Welche Versicherung die Baugemeinschaft letztlich abschließt, ist auch eine Frage der persönlichen Sicherheitsbedürfnisse. Aus unserer Sicht sind zwei Versicherungsarten aber notwendig: die Bauherrenhaftpflicht- und die Bauleistungsversicherung.

Die Bauherrenhaftpflicht versichert gegen „Schäden, die durch den Bau hervorgerufen werden". Ein möglicher Schadensfall ist die Wochenendbesichtigung der Baustelle mit Freunden, bei der einer der Beteiligten verunglückt.

Die Bauleistungsversicherung deckt Beschädigung oder Zerstörung bereits errichteter Bauleistungen ab, zum Beispiel Schäden durch ein Unwetter oder den beliebten Kabelklau von bereits verlegten Elektroleitungen.

Für welche Versicherungen auch immer die Baugemeinschaft sich entschließt, für Vorbereitung und Abwicklung aller Versicherungen ist der Projektsteuerer zuständig.

> **NICHT VERGESSEN:** Über die Höhe der Selbstbeteiligung lässt sich die Höhe der Kosten für die Versicherung steuern.

„DOWJERAI, NO PROWJERAI" (VERTRAUE, ABER PRÜFE NACH)

Diese russische Redensart hat bei einem so komplexen Projekt wie dem Bau oder der Sanierung eines Hauses durchaus ihre Berechtigung. Umsichtige Projektkontrolle schont Nerven und Geldbeutel und verhindert letztlich, dass das Ganze aus dem Ruder läuft.

Die Baugemeinschaft hat den roten Faden gelegt, schriftlich fixiert im GbR- oder auch Genossenschaftsvertrag samt Maßnahmenkatalog. Nun ist kontinuierlich zu überprüfen, ob dieser rote Faden hinsichtlich Kosten, Termine und Qualität noch sichtbar ist:

Kostenkontrolle

Die Frage der Kosten ist bei jedem privaten Bauherrn oder auch -paar von zentraler Bedeutung, denn meist ist für das eigene Heim nur ein bestimmtes Budget vorhanden. Die Kostenermittlung, die daraus resultierende Finanzierung und die entsprechende Kostenkontrolle bilden zusammen einen Themenkomplex, der ab Seite 53 gesondert behandelt wird.

Terminkontrolle

Keine zuverlässige Terminkontrolle ohne gut strukturierten Terminplan. Im Zusammenhang mit einem Bauprojekt sind sogar gleich mehrere nötig: der Projektablaufplan, der Bauablaufplan (mit Liste der Entscheidungstermine) und der Zahlungsplan.

Der Projektablaufplan erfasst die gesamte zeitliche Entwicklung des Projekts, von der Bauvorbereitung (z. B. Grundstückskauf, Abschluss der Kreditverträge, Bauphase) bis zur Gartengestaltung. Hierin nehmen die übergeordneten Phasen aufeinander Bezug; zwingende Abhängigkeiten werden dargestellt.

Häufig gibt es sogenannte Meilensteine, die eine „Wenn-dann"-Beziehung haben. Beispielsweise kann das Grundstück nur dann bezahlt werden, wenn sämtliches Eigenkapital auf dem Baugemeinschaftskonto (siehe Seite 63) eingegangen ist; oder es wird festgelegt, dass mit der Bauausführung erst dann begonnen wird, wenn eine 90-prozentige Belegung der Wohnungen gegeben ist.

Der Projektablaufplan zielt vor allem darauf, die Zeit bis zum Baubeginn zu strukturieren. Die Bauphase selber wird vorerst nur als nicht genauer zu unterteilender Zeitvorgang eingetragen. Denn der Architekt kann die benötigte Zeit in dieser frühen Phase nur aus seiner Erfahrung heraus schätzen. Dabei sind allerdings die Jahreszeiten unbedingt zu berücksichtigen.

Besagt der Projektablaufplan, dass der Baubeginn eines Massivbaus auf den 1. Dezember fällt, ist fast zwangsläufig mit einer witterungsbedingten Verlängerung der Bauzeit von etwa drei Monaten zu rechnen, da bei Frost nicht gemauert werden kann.

Terminliches Herzstück – insbesondere aus der Sicht des Architekten – ist der Terminplan für die Bauphase, der sogenannte Bauablauf- oder auch Bauzeitenplan. Darin ist die zeitliche Abfolge der verschiedenen Gewerke auf dem Bau geregelt: Kein Dach ohne Wand. Kein Parkett ohne Estrich.

Beim Aufstellen des Bauablaufplans können die verschiedenen Interessen der Beteiligten mitunter kollidieren. Die Baudame und der Bauherr möchten möglichst schnell einziehen, während der Architekt ausreichend zeitlichen Puffer für unvorhergesehene Verzögerungen einplanen möchte. Architekt und Projektsteuerer arbeiten im Grunde mit zwei Bauablaufplänen: mit einem „sportlichen" für die ausführenden Firmen, um diese unter einen gewissen Zugzwang zu setzen, und mit einem „realistischen", der den fast unvermeidlichen Ausführungsstau gegen Ende der Bauphase bereits berücksichtigt und an dem sich der tatsächliche Einzugstermin orientiert. (Siehe dazu auch Seite 96)

ArGe Keinert + Büsching — Martin-Hoffmann-Straße 26, 12435 Berlin

Nr.	Vorgangsname	Dauer	Anfang	Ende	Vorgänger
1	**Gemeinschaft**	**39 Wochen**	**Mon 12.10.09**	**Fre 09.07.10**	
2	Grundlagen Projekt erstellen	12 Wochen	Mon 12.10.09	Mon 04.01.10	3AE
3	Grundstückskauf	0 Wochen	Mon 04.01.10	Mon 04.01.10	
4	Zahlung 750 T€ gem. Kaufvertrag	0 Wochen	Fre 09.07.10	Fre 09.07.10	22
5	Belegung mit ca. 95 %	0 Wochen	Mon 04.01.10	Mon 04.01.10	3
6	Abschluss Kreditverträge	0 Wochen	Fre 09.07.10	Fre 09.07.10	4
7					
8	**Vorbereitung / Freimachung**	**13 Wochen**	**Mon 04.01.10**	**Fre 02.04.10**	
9	Vermessung	2 Wochen	Mon 04.01.10	Fre 15.01.10	3
10	Eintragung Grundbuch	10 Wochen	Mon 18.01.10	Fre 26.03.10	9
11	Vorbereitung Abriss	4 Wochen	Mon 04.01.10	Fre 29.01.10	3
12	Abriss	6 Wochen	Mon 01.02.10	Fre 12.03.10	11
13	Baugrunduntersuchung	3 Wochen	Mon 15.03.10	Fre 02.04.10	18
14					
15	**Planung / Bauausführung**	**85 Wochen**	**Mon 04.01.10**	**Fre 19.08.11**	
16	Vorentwurf	0 Wochen	Mon 04.01.10	Mon 04.01.10	3
17	Beauftragung ArGe Keinert+Büsching	0 Wochen	Mon 04.01.10	Mon 04.01.10	3
18	Entwurfsplanung	10 Wochen	Mon 04.01.10	Fre 12.03.10	17
19	Kurztext LV, Kostenberechnung	3 Wochen	Mon 01.03.10	Fre 19.03.10	18AA+8 Woch
20	Genehmigungsplanung	4 Wochen	Mon 22.03.10	Fre 16.04.10	19
21	Statik	6 Wochen	Mon 15.03.10	Fre 23.04.10	18
22	Erteilung Baugenehmigung durch BWA	12 Wochen	Mon 19.04.10	Fre 09.07.10	20
23	Ausführungsplanung Rohbau	4 Wochen	Mon 26.04.10	Fre 21.05.10	21
24	Ausführungsplanung Ausbau	10 Wochen	Mon 24.05.10	Fre 30.07.10	23
25	Ausschreibung u. Vergabe Rohbau	7 Wochen	Mon 24.05.10	Fre 09.07.10	23
26	Ausschreibung u. Vergabe Ausbau	6 Wochen	Mon 02.08.10	Fre 10.09.10	24
27	Baubeginn Erdarbeiten / Rohbau	0 Wochen	Fre 09.07.10	Fre 09.07.10	22;25
28	Bauzeit	58 Wochen	Mon 12.07.10	Fre 19.08.11	27

Projekt: Baugemeinschaft AB
Stand: 01.01.2010

Der Bauablaufplan muss zudem die benötigten Entscheidungszeiten der Bauherren einkalkulieren; denn die Baugemeinschaft ist naturgemäß eine „träge Masse" und braucht entsprechend lange für Einzel- und Gruppenentscheidungen. In der Praxis bedeutet das: Der Architekt teilt dem Projektsteuerer mit, zu welchem Zeitpunkt er eine bestimmte Entscheidung braucht, um die Ausführung entsprechend vorbereiten zu können.

Der Architekt kann dem Projektsteuerer den genauen Zeitpunkt der benötigten Entscheidung allerdings nur sagen, wenn er die einzelnen Schritte bis zum Ausführungsbeginn einer bestimmten Maßnahme in seinem Bauzeitenplan entsprechend zurückrechnet.

Beispiel Aufstellen der Trockenbauwände:
Schritt 4 Aufstellen der TB-Wände
Schritt 3 Vergabe an die Firma
Schritt 2 Ausschreibung
Schritt 1 Ausführungsplanung

Jeder Bauherr muss also bis zum Beginn von Schritt 1 eine verbindliche Entscheidung über Lage und Beschaffenheit der Wände getroffen haben.

Hinzu kommen die gegenseitigen Abhängigkeiten von Gewerken. Nehmen wir als Beispiel den Bodenbelag auf Estrich: Der gewünschte Bodenbelag könnte Teppich (4 mm), aber auch eine Parkettdiele (22 mm) sein. Je nachdem, welcher Bodenbelag gewählt wird, muss der Estrich entsprechend dicker oder dünner sein, damit das Bodenniveau insgesamt auf einer Höhe ist.

Wird der Estrich eingebracht, benötigt er eine Trockenzeit von mindestens sechs Wochen, um „belagsreif" zu sein.

Diese Abhängigkeit zurückgerechnet ergibt:
```
   6  Wochen Trockenzeit
 + 2  Wochen Estrich einbringen
 + 6  Wochen Entscheidungsfindung
      (für Bodenbelag)
 + 2  Wochen Klärung technischer Fragen
 = 16 Wochen Zeitbedarf.
```

TIPP 1:
Die einzelnen Phasen (im Beispiel Trockenbauwände) Schritt 1 – 4 in den Bauablaufplan eintragen!

TIPP 2:
Steht der Bauablaufplan, sollte der Architekt dem Projektsteuerer und den Bauherren eine Liste mit den exakten Entscheidungsterminen zur Verfügung stellen (siehe Seite 36).

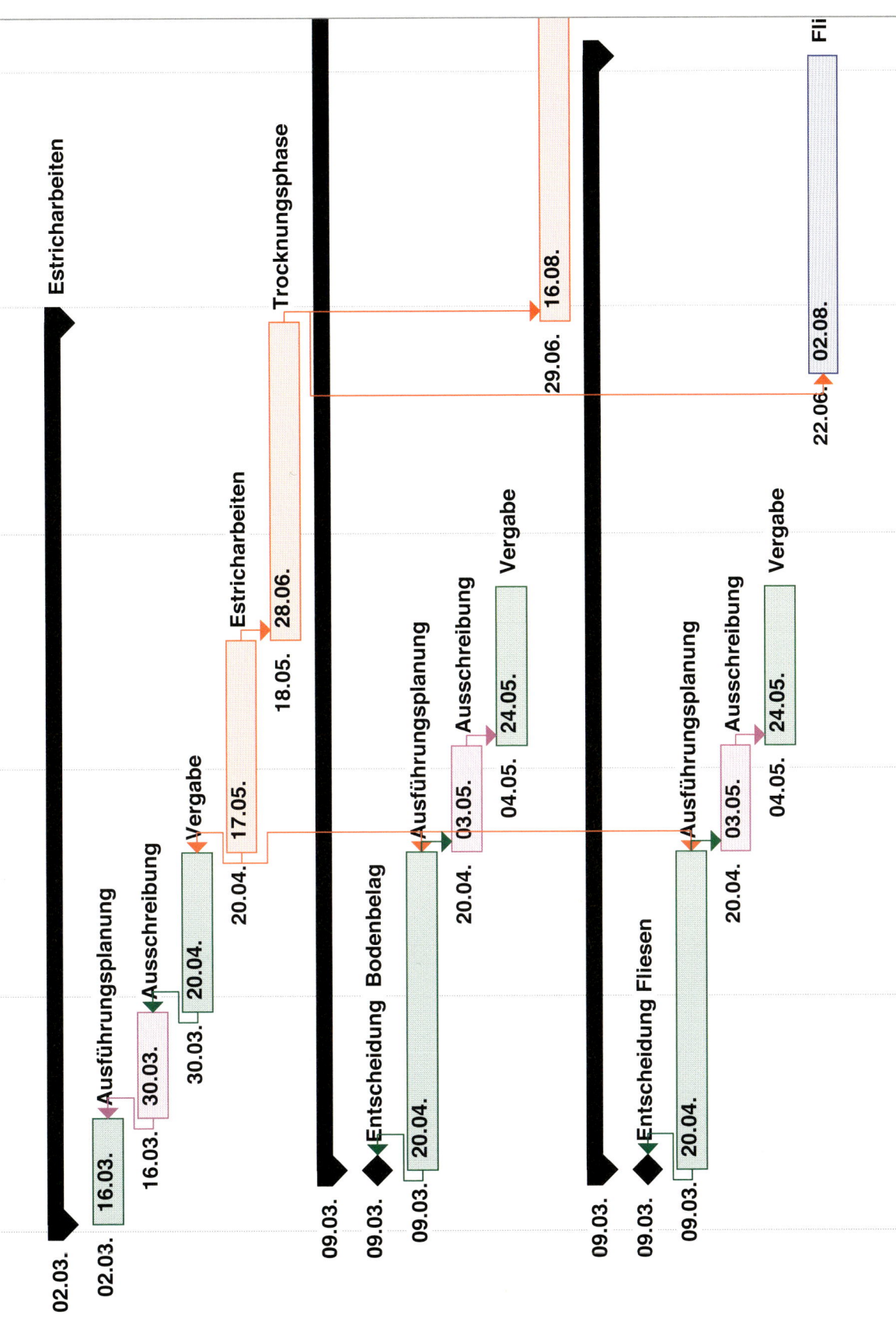

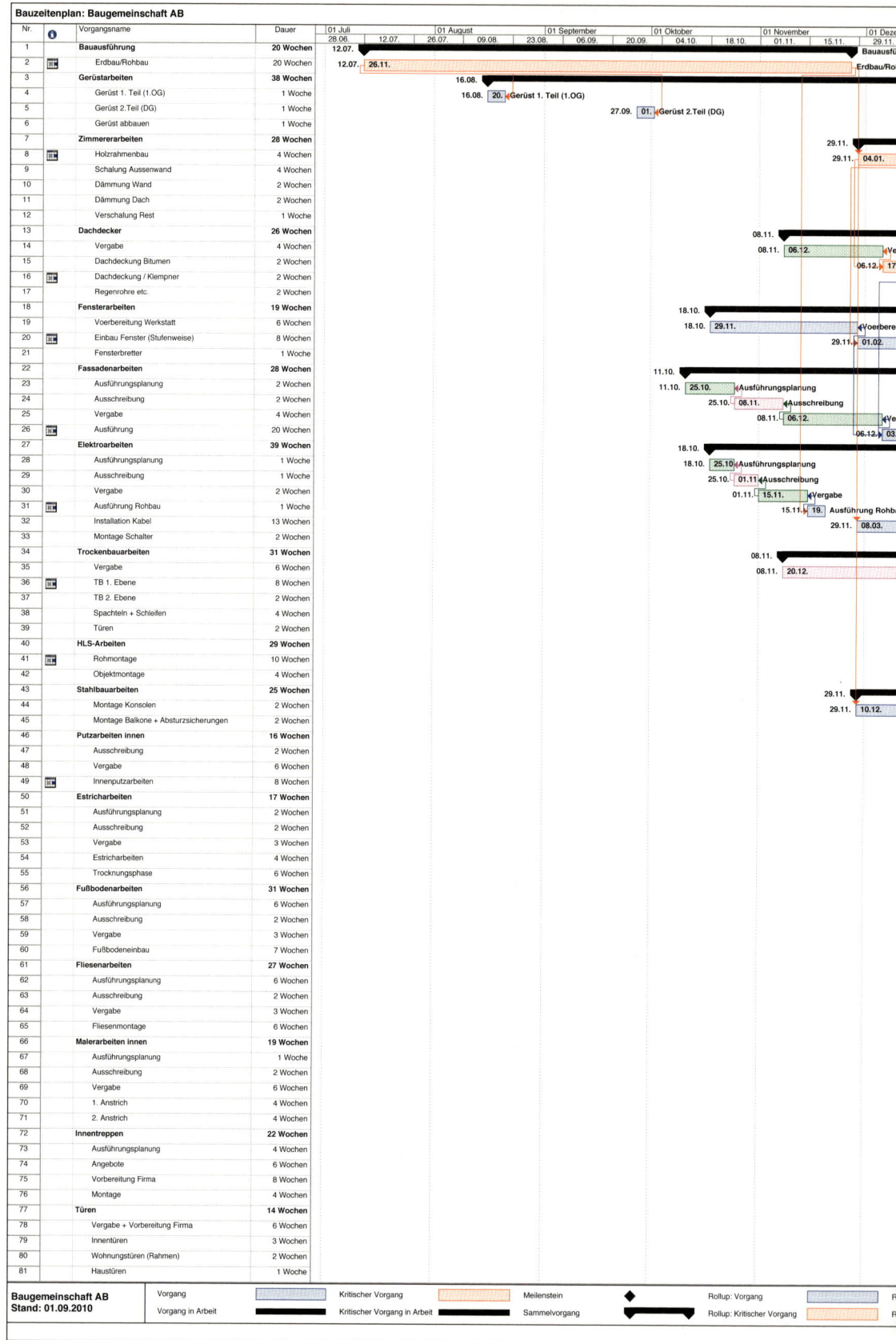

Gantt-Diagramm – ArGe Keinert + Büsching

Zeitachse
Januar | 01 Februar | 01 März | 01 April | 01 Mai | 01 Juni | 01 Juli | 01 August | 01 September
10.01. | 24.01. | 07.02. | 21.02. | 07.03. | 21.03. | 04.04. | 18.04. | 02.05. | 16.05. | 30.05. | 13.06. | 27.06. | 11.07. | 25.07. | 08.08. | 22.08. | 05.09.

Vorgänge

Gerüstarbeiten
- 11.05. – 17.05. Gerüst abbauen

Zimmererarbeiten
- 01.02. Holzrahmenbau
- Schalung Aussenwand
- 09.03. – 22.03. Dämmung Wand
- 04.05. – 10.05. Verschalung Rest
- 08.06. – 21.06. Dämmung Dach

Dachdecker
- Dachdeckung / Klempner
- 04.05. – 17.05. Regenrohre etc.

Fensterarbeiten
- Einbau Fenster (Stufenweise)
- 02.03. – 09.03. Fensterbretter

Fassadenarbeiten
- Ausführung

Elektroarbeiten
- Installation Kabel
- 13.07. – 26.07. Montage Schalter

Trockenbauarbeiten
- TB 1. Ebene
- 09.03. – 22.03. TB 2. Ebene
- 06.04. – 03.05. Spachteln + Schleifen
- 08.06. – 21.06. Türen

HLS-Arbeiten
- Rohmontage
- 22.06. – 19.07. Objektmontage

Stahlbauarbeiten
- 18.05. – 31.05. Montage Balkone + Absturzsicherungen

Putzarbeiten innen
- 01. – 26.01. Ausschreibung
- 26.01. – 09.03. Vergabe
- 09.03. – 03.05. Innenputzarbeiten

Estricharbeiten
- 02.03.
- 02.03. – 16.03. Ausführungsplanung
- 16.03. – 30.03. Ausschreibung
- 30.03. – 20.04. Vergabe
- 20.04. – 17.05. Estricharbeiten
- 18.05. – 28.06. Trocknungsphase

Fußbodenarbeiten
- 23.02. Ausführungsplanung
- 23.02. – 09.03. Ausschreibung
- 09.03. – 30.03. Vergabe
- 29.06. – 16.08. Fußbodeneinbau

Fliesenarbeiten
- 23.02. Ausführungsplanung
- 23.02. – 09.03. Ausschreibung
- 09.03. – 30.03. Vergabe
- 08.06. – 19.07. Fliesenmontage

Malerarbeiten innen
- 09.03.
- 09.03. – 16.03. Ausführungsplanung
- 16.03. – 30.03. Ausschreibung
- 30.03. – 11.05. Vergabe
- 11.05. – 07.06. 1. Anstrich
- 22.06. – 19.07. 2. Anstrich

Innentreppen
- 09.03.
- 09.03. – 06.04. Ausführungsplanung
- 06.04. – 18.05. Angebote
- 18.05. – 13.07. Vorbereitung Firma
- 13.07. – 09.08. Montage

Türen
- 18.05.
- 22.06. – 03.08. Vergabe + Vorbereitung Firma
- 03.08. – 23.08. Innentüren
- 18.05. – 31.05. Wohnungstüren (Rahmen)
- 03.08. – 09.08 Haustüren

Legende
- Unterbrechung
- Projektsammelvorgang
- Stichtag
- Externe Vorgänge
- Gruppenkopf

Projekt: Baugemeinschaft AB			Entscheidungstermine Bauherren
PW	**Projektweise**	**Art**	**Termin**
PW	Fassade	Farbe der Häuser	1. Okt. 10
PW	Elektrik	Anschluss Kabel Deutschland, Telekom	1. Nov. 10
PW	Tischler	Drückergarnitur Fenster u. Türen	1. Feb. 11
PW	Garten	Entwurf	1. Mrz. 11
PW	Elektrik	Art der Schalter und Steckdosen	1. Apr. 11
PW	Garten	Belag Wege	1. Mai. 11
PW	Garten	Belag Hof	1. Mai. 11
PW	Garten	Belag Stellplätze	1. Mai. 11
PW	Garten	Fahrradständer	1. Mai. 11
HW	**Hausweise**		
HW	Dach	Begrünung, Kies, ?	1. Nov. 10
HW	Maler	Treppenhaus Innen	1. Mai. 11
HW	Keller	Kellerverschläge	1. Mai. 11
WW	**Wohnungweise**		
WW	HLS	Doppelwaschbecken, Bidet...	1. Jan. 11
WW	HLS	2. WW Anschluss	1. Jan. 11
WW	Estrich/Fliesen	bodengleiche Duschen	1. Jan. 11
WW	HLS	Art der Sanitär-Objekte	1. Feb. 11
WW	HLS	Art der Garnituren	1. Feb. 11
WW	Tischler	Art der Innentüren	1. Feb. 11
WW	Tischler	Farbe Wohnungseingangstür im TH	1. Feb. 11
WW	Innentreppen	Festlegung der Treppen (Holz, Geländer, Lasur...)	1. Feb. 11
WW	Verputz/Maler	Wände in Q3	1. Feb. 11
WW	Bodenbeläge	Fußbodenbeläge	14. Feb. 11
WW	Fliesen	Fliesen Boden	14. Feb. 11
WW	Fliesen	Fliesen Wand	14. Feb. 11
WW	HLS	Duschtrennwände Glas	1. Mai. 11

So vorausschauend zu terminieren trägt maßgeblich zu einem annähernd realistischen Zeitbudget und damit zu einem entspannteren Ablauf bei. Schon zu Anfang, in der Bauvorbereitungsphase, kann es zu gefährlichen Kollisionen kommen, wenn Finanzierung, Grunderwerb, Baubeginn und Mittelabforderung nicht aufeinander abgestimmt sind: Solange nicht alle Bauherren ihre Finanzierung in trockenen Tüchern haben (mindestens die Bonitätsprüfung!) ist kein Geld in der „Baugemeinschaftskasse". Zu dem Zeitpunkt kann (und darf) also im Grunde kein Grundstück gekauft, geschweige denn mit dem Hausbau begonnen werden. Der Projektsteuerer muss daher sichergehen, dass zum Zeitpunkt X genügend Geld vorhanden sein wird, um entsprechende Mittel zur Zahlung offener Rechnungen von den Bauherren abrufen zu können. An dieser Stelle kommt der nächste Plan ins Spiel: der Zahlungsplan. Denn daraus kann der Projektsteuerer exakt ablesen, wann größere Geldbeträge nötig sind (z. B. Zahlung des Grundstücks), und zumindest hinreichend genau, wann die nächste Mittelabforderung fällig ist. Letzteres ist unter anderem relevant, wenn Eigenkapital mit Kündigungsfristen angelegt wurde.

> Das eine oder andere terminliche Nadelöhr wird trotz gewissenhaftester Planung nicht auszuschließen sein. Dann gilt für alle Beteiligten: Augen auf und durch!

Qualitätskontrolle

Qualitäten können nur kontrolliert werden, wenn sie vorher in den verschiedenen Kategorien festgelegt wurden. Inhaltliche Qualitätsmerkmale, die schon in die Planung einfließen, wären zum Beispiel eine gemeinschaftliche Gästewohnung und ein Beachvolleyballfeld. Zu den technischen Qualitätsfragen, die teilweise – je nach Standardisierungsgrad (siehe Seite 76) – sowohl gemeinschaftlicher wie individueller Natur sein können, gehören: Wollen wir eine Wärmepumpe? Welchen Schallschutz nehmen wir? Ökodämmung? Und wenn ja, welche? Reicht uns eine Zweifachverglasung?

Aspekte wie die Oberflächenbeschaffenheit der Putze und die Qualität der Innentüren hingegen sind sogenannte Ausführungsqualitäten. All diese unterschiedlichen Ansprüche werden in den jeweiligen Verträgen beziehungsweise im schon mehrfach erwähnten Maßnahmenkatalog (Anlage zum GbR-Vertrag) festgelegt und zum Teil in den Plänen des Architekten vor Baubeginn zeichnerisch fixiert. Damit besteht eine verbindliche Grundlage für die Qualitätskontrolle.

Wie werden die einzelnen Qualitäten festgelegt und kontrolliert?

Im Hinblick auf die inhaltlichen Qualitätsentscheidungen ist es Aufgabe des Projektsteuerers, der Gruppe vor Augen zu führen, welche gemeinschaftliche Entscheidung welche Konsequenzen hat. Ebenso obliegt es ihm, während des gesamten Prozesses darauf zu achten, dass die Gruppe auf den einmal von ihr festgelegten Wegen bleibt. Die Überprüfung selbst ist dann in der Regel sehr einfach: Ein Blick auf den Plan genügt – und jeder kann sehen, ob die beschlossenen Inhalte berücksichtigt wurden.

Die technischen Qualitäten festzulegen ist da schon schwieriger, denn in diesem Bereich bestehen viele Abhängigkeiten. Die Baugemeinschaft sollte sich also ausreichend Zeit nehmen, um hier wirklich fundierte Entscheidungen zu treffen. Dies geht nicht ohne genaue inhaltliche Vorbereitung.

Die technischen Möglichkeiten wie Wärmepumpe oder kontrollierte Lüftung mit Wärmerückgewinnung können oft nur mit Hilfe eines Fachplaners verglichen und beurteilt werden. Es lohnt sich, hier einen klaren Kopf zu bewahren und auch im Hinblick auf Wirtschaftlichkeit, sprich Kosten und Nutzen zu entscheiden.

Den baukonstruktiven Teil der technischen Qualitäten (z. B. Zweifach- oder Dreifachverglasung?) zu beschließen bereitet eher wenig Kopfzerbrechen, da die Konsequenzen ziemlich eindeutig sind. So interessiert es ein Fensterloch nicht, ob das später eingesetzte Fenster etwas mehr oder etwas weniger dämmt. Bei einer entsprechend guten Kostenprognose könnte man eventuell sogar noch umschwenken.

Komplexer wird es in den Bereichen rund um die Haustechnik. Hat die Gruppe beispielsweise festgelegt, dass die Wohnungen mit Heizkörpern ausgestattet werden, ist ein späteres Umschwenken auf Fußbodenheizung wegen anderer Aufbauhöhen des Fußbodens und des Platzbedarfes für die Heizkreisverteiler kaum umsetzbar. Hinzu kommt, dass ein fortschreitendes Bauprojekt immer mehr einem schwer beladenen Tanker ähnelt, dessen eingeschlagener Kurs sich ebenfalls nur mit viel Mühe ändern lässt. Bei den technischen Qualitätsmerkmalen können die Gruppenmitglieder, also die Baudamen/Bauherren, selbst kaum eine Kontrollfunktion ausüben. Die Qualitätskontrolle muss hier durch den Architekten oder einen Fachplaner erfolgen. Nur sie haben die nötige Expertise, um mögliche Fehler zu erkennen.

Auch die Ausführungsqualitäten werden während der Bauphase von dem Architekten (oder Bauleiter) überwacht. Er hat dafür zu sorgen, dass die Gewerke (Maurer, Elektriker, Fensterbauer etc.) die gesetzlichen Regeln und Richtlinien einhalten.

Dass auch die Bauherren und Baudamen ein starkes Interesse daran haben, die Ausführungsqualitäten im Blick zu behalten, versteht sich von selbst – schließlich handelt es sich um ihr Eigentum. Das sollte sich gleich das gesamte Bauteam zunutze machen: Die einzelnen Baudamen und Bauherren kennen ihre eigene Wohnung meistens sehr gut und schauen sich bei ihren abendlichen oder sonntäglichen Baustellenbesuchen alles ganz genau an. Dabei entdecken sie manchmal Dinge, die einem Bauleiter angesichts der vielen zu kontrollierenden Maßnahmen beziehungsweise Ausführungen vielleicht entgangen wären. Der Architekt sollte über solche Hinweise sehr froh sein, so kann er entweder über die Sachlage aufklären oder – handelt es sich um einen baulichen Mangel – diesen rechtzeitig beheben lassen. Vor allem gegen Ende der Bauphase ist das Prinzip „Viele Augen sehen viel" sehr nützlich (Kapitel „Jetzt wird's ernst" ab Seite 84).

Hat ein Bauherr etwas entdeckt, was seiner Ansicht nach so nicht sein sollte, gibt es allerdings eine wichtige Regel: Die Kommunikation muss stets über den jeweiligen Kompetenzpartner, also den Architekten oder Projektsteuerer, laufen. Eine direkte Kommunikation zwischen den Bauherren und den Gewerken über bauliche Qualitäten ist nicht sinnvoll. Denn in Anbetracht der Vielzahl von Arbeitsabläufen und des geballten Fachwissens, das ein Bauprojekt erfordert, käme es sonst schnell zu Fehlinterpretationen aus Unkenntnis und damit zu erheblichen Verwirrungen, wenn nicht gar zu Ausführungsfehlern.

In diesem Zusammenhang spielt zudem der rechtliche Aspekt eine Rolle: Da nicht der einzelne Bauherr der Auftraggeber ist, sondern die GbR, ist der Einzelne nicht weisungsbefugt. Wer würde dann bei einer Fehlentscheidung haften? Das heißt also: Hat ein Bauherr oder eine Baudame an irgendeiner Stelle den Eindruck, hier laufe gerade etwas schief, teilt er/sie das dem Projektsteuerer oder Architekten mit. Dieser geht dem Hinweis nach und leitet gegebenenfalls die erforderlichen Maßnahmen ein.

DAS ORGANISATORISCHE DACH

Damit eine Baugemeinschaft funktioniert, muss sie immer handlungs- und entscheidungsfähig sein. Hier spielen die Finanzen eine ebenso große Rolle wie das Miteinander der Beteiligten. Das A und O dabei: eine fließende, transparente Kommunikation. Diese ist nur dann gewährleistet, wenn alle Beteiligten mit den notwendigen Informationen versorgt werden. Denn letztlich kommt es darauf an, dass immer alle Bauherren mit im Projektboot sind.

Ein wichtiges Instrument ist deshalb eine Homepage für das Projekt, ob nun eigens angelegt oder als Teil der Internetpräsenz von Architekt oder Projektsteuerer. Sie muss einen übersichtlichen internen Bereich haben, auf den jeder Bauherr mittels Passwort Zugriff hat. Hier stellen der Architekt und Projektsteuerer alle relevanten Daten und Unterlagen zum Projekt ein. So findet man die Verträge mit dem Architekten und Projektsteuerer ebenso wie die Maßnahmenbeschreibung, die jeweils aktuellen Bauzeitenpläne, die letzte Variante der Wohnungsgrundrisse, Beispiele von Fassadenverkleidungen usw., also alles, was der aktuellen Information und der Entscheidungsfindung im Prozess dient.

**BEISPIEL
FÜR HOMEPAGE-KATEGORIEN:**
- Verträge
- Finanzielles
- Protokolle
- Planung allgemein
- Planung Wohnungen
- Archiv
- Sonstiges
- Bilder

Nicht minder wichtig ist der regelmäßige persönliche Austausch zwischen Bauherren, Architekt und Projektsteuerer – sowohl um auf den neuesten Stand zu kommen, Kritik loszuwerden und Entscheidungen zu fällen als auch um den persönlichen Draht zueinander zu finden und zu pflegen. Davon abgesehen haben die Baugemeinschaftssitzungen auch eine wichtige rechtliche Bedeutung: Die Treffen der zukünftigen Eigentümer sind das Entscheidungsgremium für alle Belange des Projekts. Hier wird entschieden, was wo und wie gemacht wird.

Die von der Gruppe verbindlich getroffenen Entscheidungen müssen schriftlich festgehalten werden, damit bereits getroffene Entscheidungen belegbar sind und nicht immer wieder umgestoßen werden können. Dafür gibt es die Protokolle der Sitzungen. Sie sollten möglichst übersichtlich gestaltet und in ihren Formulierungen rechtswirksam gefasst sein. Ein Ergebnisprotokoll leistet hier gute Dienste, denn es enthält nicht jede Aussage jedes Teilnehmers, sondern nur die relevanten Fakten zu den einzelnen Tagesordnungspunkten. Um es rechtsverbindlich zu machen, sollte jedes Protokoll in der Folgesitzung genehmigt werden.

Die anfangs meist wöchentlichen, später 14-tägigen (oder nach Bedarf vereinbarten) Baugemeinschaftssitzungen finden zu einem bestimmten Termin statt, zum Beispiel mittwochs um zwanzig Uhr. Ob man sich nun im Büro des Architekten oder in einer Privatwohnung trifft, spielt keine Rolle. Wichtig ist, dass der Ort des Treffens gut erreichbar, möglichst lärmfrei und vielleicht auch „gastfreundlich" ist. Um den Organisationsbedarf zu begrenzen und Verwirrungen zu vermeiden, sollten die Treffen immer am selben Ort erfolgen. Eine Kneipe ist für diesen Zweck ungeeignet, aber eine gute Atmosphäre mit Gummibärchen und Schokolade kann nicht schaden.

Die Baugemeinschaftssitzungen sollten in einem von Offenheit geprägten Rahmen stattfinden: Jeder Bauherr, jede Baudame darf sich ermutigt fühlen, alle Fragen rund um das gemeinsame Projekt zu stellen, die ihn/sie beschäftigen.

Während der Baugemeinschaftssitzungen gilt: **Dumme Fragen gibt es nicht!**

Darauf zu achten, dass kein Teilnehmer in eine Außenseiterrolle rutscht, ist Aufgabe des Moderators. Diese Funktion kann der Projektsteuerer oder ein professioneller Moderator (beides honorarpflichtig), eventuell aber auch ein Gruppenmitglied übernehmen. Hauptsache, er/sie verhält sich neutral und wirkt ausgleichend – insbesondere in spannungsgeladenen Diskussionen. Um sich nicht im Debattieren zu verlieren, sondern die Baugemeinschaftssitzungen konstruktiv und lösungsorientiert zu gestalten, sind eine Tagesordnung und ein Reglement notwendig:

- Die Einladung zur nächsten Baugemeinschaftssitzung verschickt der Projektsteuerer (per E-Mail) rechtzeitig – samt Tagesordnung – an alle Bauherren und den Architekten.
- Die Sitzungen sollten höchstens drei Stunden dauern. Reicht die Zeit mal nicht aus, ist es besser, eine Sondersitzung für ein konkretes Thema (z. B. Fassadenfarbe) einzuschieben.
- Der Ablauf von Entscheidungsprozessen wird im GbR-Vertrag festgelegt.

TIPP FÜR EINE ABSTIMMUNGSREGELUNG:
Die erste Abstimmung muss einstimmig ausfallen, andernfalls ist eine zweite Abstimmung auf der nächsten Baugemeinschaftssitzung erforderlich. Bei der zweiten Abstimmung genügt eine einfache Mehrheit. Ausnahme: Folgenreiche Fragestellungen wie Planänderungen oder die Abwahl eines Geschäftsführers bedürfen einer Dreiviertel-Mehrheit.

- Die ehrenamtlichen Tätigkeiten – Geschäftsführung (2-3 Personen), Buch- und Rechnungsprüfung, Sitzungsprotokoll – werden von Mitgliedern der Baugemeinschaft übernommen. Das hat drei Vorteile: Architekt und Projektsteuerer werden entlastet (Kostenersparnis!), die Kontrollorgane stammen aus der Gruppe, und die Bringer-/Konsumentenrollen werden aufgebrochen. Sind die Tätigkeiten aufwendiger, sollte die Gruppe über eine finanzielle Entschädigung nachdenken, zumal es sinnvoll ist, wenn jedes Amt für die Dauer des Projekts in einer verantwortungsvollen Hand bleibt. Die GbR-Geschäftsführung wird mittels notarieller Vollmacht von der GbR als ihre Außenvertretung ernannt.

Aufgaben der Geschäftsführung:
- Außenvertretung bei allen großen Rechtsgeschäften
- Abschluss Darlehnsverträge der Gemeinschaft
- Unterschreiben des Bauantrags
- Unterschreiben der Bauverträge
- Rechnungsfreigabe ab einer bestimmten Höhe (z. B. 10.000 €)

Über den Ein- und Durchblick der Geschäftsführung kann die Gruppe jede Projektphase unmittelbar nachvollziehen und nimmt eine weitere Kontrollfunktion wahr. Die Geschäftsführung ist allerdings gut beraten, sich von der GbR die Zustimmung zu relevanten Geschäften wie dem Abschluss eines Bauvertrages zu holen.

Jede aktive Mitverantwortung seitens der Geschäftsführer/innen trägt darüber hinaus zu einer ausgegliceneren Risikoverteilung zwischen Bauherren, Architekt und Projektsteuerer bei. Kommt es im Verlauf des Bauens beispielsweise zu Problemen mit der ausführenden Firma, empfiehlt es sich, mit den Geschäftsführern geeignete Maßnahmen zu erörtern: Sollen schon harte Bandagen angelegt werden oder besteht noch die Möglichkeit, auf zwischenmenschlicher Ebene zu agieren?

> **AUSZUG AUS DEM GBR-VERTRAG FÜR EINE BAUGEMEINSCHAFT**
>
> § 8 Geschäftsführung und Vertretung
> (...)
> 2. Die Geschäftsführungs- und Vertreterbefugnis der Geschäftsführer erstreckt sich auf alle Rechtsgeschäfte und Rechtshandlungen, die zur Erreichung des Gesellschaftszwecks erforderlich und nützlich sind. Die Gesellschafter können der Geschäftsführung Anweisungen durch Beschlüsse erteilen. (...)
> 3. Jeder der Geschäftsführer ist von den Beschränkungen des § 181 BGB befreit.

Das (zwischen-)menschliche Fundament

In einer Baugemeinschaft – das kann nicht oft genug betont werden – haben zwar alle Beteiligten ein Ziel: ein schönes neues Dach über dem Kopf; doch jede/r Einzelne macht sich mit eigenen Ideen, Wünschen und Bedürfnissen auf den Weg. Dass um des gemeinschaftlichen Zieles willen der eine oder andere, manchmal auch bittere Kompromiss eingegangen werden muss, weiß im Grunde jeder, der schon einmal Teil eines Teamprojekts war. Dennoch ist es durchaus sinnvoll, sich das notwendige menschliche Fundament bei einem Baugemeinschaftsprojekt noch einmal vor Augen zu führen, damit es kein böses Erwachen gibt.

Das sollten alle Beteiligten, also Bauherren, Architekt und Projektsteuerer – zumindest in gewissem Maße – mitbringen, wenn sie sich in das Abenteuer Baugemeinschaft stürzen:
- Teamfähigkeit
- Geduld
- Wir-Gedanke
- ein offenes Ohr

- Dialogfähigkeit
- Kompromissfähigkeit
- Pragmatismus
- Respekt gegenüber anderen (Meinungen)

Aber um kein Missverständnis aufkommen zu lassen: Hier geht es nicht um eine Ansammlung von Gutmenschen. Vielmehr sind Ecken und Kanten und verschiedene Blickwinkel oft wichtige Triebfedern für den Prozess – aber stets gelenkt und austariert von dem baugemeinschaftlichen Wir und einem gesunden Pragmatismus.

Da es bei Bauprojekten in der Regel um viel Geld geht, sind an dieser Stelle unserer Meinung nach ein paar „ungeschminkte" Wahrheiten angebracht:

- Baugemeinschaften sind nichts für Egomanen!
- Baugemeinschaften sind nichts für Angsthasen!
- Baugemeinschaften sind nichts für Selbsterfahrer!

OHNE MOOS NIX LOS: SO FUNKTIONIERT DIE FINANZIERUNG

Wohneigentum klingt gut, aber kann ich mir das leisten?

Wer mit dem Gedanken spielt, in eine Baugemeinschaft einzutreten, sollte bereits geprüft haben, ob der Wohneigentumswunsch mit eigener Finanzkraft hinterlegt ist. Nun kann, wer seine Zigtausende unter dem Kopfkissen hat, eifrig drauflos marschieren, doch wer – wie die meisten – nicht in Geld schwimmt und bei der Bank vorstellig werden muss, ist gut beraten, seine Möglichkeiten genau unter die Lupe zu nehmen. Die Bank beziehungsweise das Kredit gebende Institut unterzieht den möglichen Wohnungseigentümer einer sogenannten Bonitätsprüfung. Hierbei schaut die Bank zunächst, ob der Antragsteller überhaupt genügend Geld in seinem Sparstrumpf hat. Das ist das sogenannte Eigenkapital, also jener Teil der Kosten am zukünftigen Eigentum, der nicht geliehen werden muss.

Nun rechnen die Banken sehr genau nach, ob der Antragsteller in der Lage ist, die laufenden Kosten (siehe Kasten rechts) im Zusammenhang mit dem möglichen Eigentum zu bezahlen: Die Bank verlangt den Nachweis über das Haushaltseinkommen der letzten drei Jahre und vergleicht es mit den zu erwartenden monatlichen Kosten im neuen Heim. Dabei kommen verbeamtete Lehrer verständlicherweise sehr gut weg, Selbständige und Freiberufler hingegen geraten gelegentlich ins Schleudern.

Zu den oben genannten laufenden Kosten nach erfolgreichem Abschluss des Bauprojekts zählen
a) die Finanzierungskosten (Zinsen und Tilgung des Darlehensvertrages),
b) das Wohngeld (ca. 2,50 € pro m² für Heizung, Versicherungen, Müllabfuhr, Rücklagen etc.),
c) die Grundsteuer.

Der Stromverbrauch wird extra abgerechnet und ist *nicht* Teil des Wohngeldes.

Von den genannten laufenden Kosten ist die Höhe der Grundsteuer am schwersten zu kalkulieren: Das zuständige Finanzamt ermittelt den Betrag in einem recht komplizierten dreistufigen Verfahren. Berlin hat die bundesweit höchste Grundsteuer, weshalb hier 0,3 Prozent der Herstellungskosten einer Wohnung als Grundsteuer je Jahr anzusetzen sind. Für andere Städte kann mit ca. 0,2 Prozent gerechnet werden, um einen ersten ungefähren Betrag zu erhalten. Wer es genau wissen will, sollte mit dem zuständigen Finanzamt sprechen.

Folgende Beispielrechnung vermittelt einen Eindruck von der Größenordnung in Sachen monatliche finanzielle Belastung durch die Schaffung von Eigentum:

Kosten für Wohnungskauf
250.000 €
Eigenkapital (Sparstrumpf)
62.500 €
Fremdkapital (Kredit)
187.500 €

Zinsen 4,5%/Jahr (Leihgebühr der Bank)
7.500 €
Tilgung 1,4%/Jahr (Rückzahlung Kredit)
2.625 €

Summe Zins + Tilgung (5,9%/Jahr)
10.125 €

Grundsteuer/Jahr 0,3% (von Wohnungswert)
750 €
Monatliche Belastung aus Kredit
844 €
Wohngeld bei 125 m² Wohnfläche
313 €
Grundsteuer auf Monat umgerechnet
62 €

Summe monatliche Belastung
für Wohnung
1.219 €

Zu der monatlichen Belastung aus der Finanzierung und den laufenden Kosten addiert die Bank die monatlichen Lebenshaltungskosten, also für Essen, Kleidung, Auto, Urlaub usw. In der Regel hat es keinen Sinn zu behaupten, man esse nur trockenes Brot, denn die Banken haben eigene Schlüssel, wie sie die Kosten ansetzen. Wie auch immer: Ist das monatliche Einkommen höher als die Belastung aus Kredit, Wohngeld, Grundsteuer und Lebenshaltungskosten zusammen, ist man in der glücklichen Lage, sich problemlos Geld leihen zu können.

Dem „flüssigen" Eigenkapital der Baugemeinschaft(ler) kommt insbesondere beim Grundstücks- beziehungsweise Hauskauf besondere Bedeutung zu: Um sich das Objekt möglichst schnell zu sichern, muss der Kaufpreis meist schon gezahlt werden, bevor überhaupt ein Kreditvertrag abgeschlossen wurde. Und das funktioniert natürlich nur, wenn die werdende Baugemeinschaft ausreichend Eigenkapital zur Verfügung hat. Sprich, sobald die Planungsgemeinschaft in die Baugemeinschaft übergeht (Objekterwerb), muss das benötigte Eigenkapital abrufbar sein.

Ein weiterer Vorteil des Eigenkapitalpolsters: Je später ein Kreditvolumen von der Bank zur Verfügung gestellt wird, desto später müssen die lästigen Bereitstellungszinsen gezahlt werden. Sind die Kreditverträge dann aber erst einmal unterschrieben, fallen bei „Bauen im Prozess"-Projekten in der Regel auch die ersten Mittelabforderungen und somit die ersten Finanzierungszinsen für abgerufene Kreditanteile an. Diese gehören zu den sogenannten

Zwischenfinanzierungskosten:

1. Bereitstellungszinsen: Sie fallen ab einem bestimmten Zeitpunkt nach Abschluss der Kreditverträge für noch nicht abgerufene Kreditmittel an.
2. Finanzierungszinsen: Kosten für die Summe der bereits abgerufenen Kreditmittel, und zwar in Höhe des Zinssatzes des Kreditvertrags.

Diese Zwischenfinanzierungskosten haben es in sich und müssen deshalb unbedingt von jedem potenziellen Bauherrn einkalkuliert werden.

> Je länger man mit „flüssigem" Eigenkapital agieren kann, desto geringer die Zwischenfinanzierungskosten.

Da die Handlungsfähigkeit der Baugemeinschaft nur gewährleistet ist, wenn die erforderlichen Kreditverträge abgeschlossen sind, muss der Projektsteuerer sich darum kümmern, dass alle Kreditverträge vorliegen – und zwar vor Baubeginn. Erst dann können Verträge mit Dritten, also Bauverträge, abgeschlossen werden.

Einzelfinanzierung vs. Gruppenfinanzierung

Anne Wulf, Finanzexpertin und Geschäftsführerin von „das finanzkontor"

Eine Baugemeinschaft findet sich immer zusammen, um ein gemeinsames Projekt zu realisieren. Diese Gemeinsamkeit bezieht sich nicht nur auf Hausgestaltung, Farben, Formen und Materialien. Auch die Finanzierung muss auf einen gemeinsamen Nenner gebracht werden. In der Regel schließen sich die Beteiligten in einer Gesellschaft bürgerlichen Rechts zusammen. In dem Gesellschaftervertrag verpflichten sich alle Parteien (mindestens zwei), das gemeinsame Ziel zu fördern und die vereinbarten Beiträge zu leisten.

Grundsätzlich gibt es drei Arten von Finanzierungen in Baugemeinschaften:

DIE KOMPLETTE FREMDFINANZIERUNG

Hier werden die gesamten Kosten des Bauvorhabens kalkuliert, ganz egal, ob die eine Partei nur 50 Quadratmeter Wohnfläche kaufen möchte und eine andere 150 Quadratmeter. Es wird geschaut, wie viel Eigenkapital vorhanden und wie hoch die Restsumme ist, die über eine Bank (= Fremdmittel) finanziert werden soll. Dieser Kredit wird in vollem Umfang von allen Beteiligten gemeinsam aufgenommen, als Zwischenfinanzierung (zwischen Baubeginn und Fertigstellung).

Mit der Fertigstellung des Objekts und Festlegung der einzelnen Grundbuchblätter haben die einzelnen Parteien nun die Möglichkeit, ihre Finanzierungen individuell zu gestalten. Ob mit ihrer Hausbank, mit Fremdbanken oder mit einer Bausparkasse.

Achtung: Hohe Zinsen! Die Zinsen für eine Zwischenfinanzierung sind höher als die der Endfinanzierung, weil es sich um ein kurzfristiges Darlehen handelt. Weiteres Problem für die Beteiligten: Wenn der Bau erst in eineinhalb Jahren fertiggestellt ist, weiß man heute noch nicht, wie hoch der Zins für die Endfinanzierung sein wird. Eine große Unbekannte … Daher kommt diese Variante höchst selten vor.

DIE GRUPPENFINANZIERUNG

Zunächst einmal muss festgestellt werden, ob die Rahmenbedingungen der einzelnen Parteien eine solche Finanzierung erlauben:

Wie hoch ist das monatliche Einkommen? Ist die berufliche Situation sicher? Sind Kinder geplant? Passt die Investitionsgröße ins monatliche Budget? Reicht das Eigenkapital aus? Wenn ja, so erfolgt die Rücksprache mit der Gruppe beziehungsweise dem Projektsteuerer, um zu vermeiden, dass kurz vor dem ersten Spatenstich unerwartete Bedarfs- oder Finanzierungsprobleme auftreten.

In der Regel sollte die Finanzierung so aufgebaut werden, dass der Ankauf des Grundstücks/Altbaus aus den Eigenmitteln der Gruppenmitglieder gesichert ist.

Wird die Immobilie komplett aus Eigenmitteln finanziert, hat man den großen Vorteil, dass das Grundbuch unbelastet ist und Kontrollen über erste regelmäßige Überweisungen (Zinsen für einen aufgenommenen Kredit) entfallen. Es kann allerdings vorkommen, dass die Gruppe beim Ankauf noch nicht vollzählig ist. Wenn fünfzehn Wohneinheiten gebaut werden sollen, zunächst aber nur zehn Parteien da sind, muss jeder der zehn mehr Eigenkapital einbringen.

Übernimmt in diesem Fall eine Partei eine höhere Einlage als die anderen, können die Zinsen intern verrechnet werden, damit der Partei kein finanzieller Nachteil entsteht. Als Vergütung könnte man den Wert zwischen dem aktuellen Tagesgeldzinssatz und dem variablen Zinssatz (für kurzfristige Rückzahlungen) ansetzen. Beispiel: Liegt der Tagesgeldzinssatz bei 2 Prozent, der variable Zins bei 4 Prozent, einigt man sich auf den Mittelwert von 3 Prozent. Die später aufgenommenen Mitglieder der Baugemeinschaft zahlen diese Zinsen (auf die individuelle Bausumme) demjenigen, der das Geld vorgestreckt hat.

Weitere Lösung für den Ankauf des Grundstücks: Ein Baugemeinschaftler hat ein Ersatzobjekt als Sicherheit für die Kreditaufnahme (beispielsweise das Haus der Eltern); das gilt für die Gruppe ebenfalls als Eigenkapital.

DIE ERSTEN PLANUNGEN – UND KOSTEN

Parallel zum Grundstückskauf laufen die Planungen: Der Architekt zeichnet erste Pläne, der Statiker rechnet, und der Projektsteuerer bereitet vor. Dafür fallen die ersten Kosten an. Die Gruppe muss sich darüber einig sein, welche Voraussetzungen gegeben sein sollen, um mit welchem Projektabschnitt beziehungsweise dem Bau selber zu beginnen: Wie viele der Wohnungen müssen bei Baubeginn belegt sein? Müssen schon alle Kosten gesichert sein? Soll mit den Gewerken und den Lieferanten bereits endverhandelt sein?

Manche Baugemeinschaften setzen hier auf ein Höchstmaß an Sicherheit: Sämtliche Kosten sind bis zur finalen Fertigstellung verhandelt und bekannt, die Gemeinschaft ist vollzählig. Andere Gruppen gehen ein gewisses Risiko ein: Sie beginnen im November mit dem Bau, hoffen auf einen milden Winter und wollen ihr Eigenheim so in einem relativ knappen Zeitfenster fertigstellen.

ACHTUNG: Die 100-prozentige Fertigstellung des Hauses sollte finanziell gewährleistet sein!

Die Gesamtfinanzierung aus der Gruppe heraus muss gesichert sein. Es gibt ja keinen Bauträger, der im Notfall einsteigen würde. Soll bei einer 80-Prozent-Belegung mit dem Bau begonnen werden, muss vorab geklärt sein, wer die restlichen 20 Prozent der Finanzierung übernimmt. Es sei denn, man findet weitere Mitstreiter. Andernfalls laufen alle Gefahr, dass das Haus am Ende nicht fertig wird, weil die Restsumme für die Fertigstellung einfach fehlt! Eine ordentliche Bank fordert diese Sicherheit.

TIPP: Lieber zwei Monate länger mit dem Baubeginn warten, bis die Belegung komplett ist. Das schafft Sicherheit für alle.

Aufgepasst: Nicht jede Bank macht mit! Es kann nur mit Banken gerechnet werden, die sich von Anfang an erklärt haben, Baugemeinschaften zu finanzieren. Einige Banken haben Bedenken, sprechen von „Klumpenrisiko": Wenn es zu Problemen kommt, dann betrifft es nicht *eine* Finanzierung, sondern alle.

Andere Banken sehen die interessante Klientel: Personen mit relativ hohem Eigenkapital, solvent und solide. Jede Finanzbetreuung wird genau überwacht, und man kann sich schnell mit den Betreuern rückkoppeln. Bei diesem Modell der gemeinsamen Finanzierung ist der kleinste gemeinsame Nenner das Grundbuch. Darin ist die GbR als Eigentümer eingetragen, weshalb letztlich alle Parteien über das Grundstück füreinander haften (gesamtschuldnerische Haftung).

Die drei Abteilungen im Grundbuch:
1. Wer ist der Eigentümer?
2. Allgemeine und besondere Rechte wie Leitungsrecht, Wegerecht, Wohnrecht
3. Art und Höhe von Schulden: Wer hat welche Forderung im Falle einer Verwertung des Grundstücks? Hier wird auch die Grundschuld der kreditgebenden Banken eingetragen. Die Bank an erster Stelle (Rang Eins) wird auch als erstes ausgezahlt. Gibt es nur eine finanzierende Bank, so steht sie automatisch auf Rang Eins. Das Grundbuchamt legt die Ränge je nach Zeitpunkt der Grundschuldbestellung fest. Es gelingt nur selten, dass Banken nebeneinander „in den Gleichrang" gehen.

Ein gutes Finanzierungsbüro verhandelt mit den Banken so, dass eine persönliche Haftung ausgeschlossen wird. Die Bank kann also nicht willkürlich einen Einzelnen der Gruppe auffordern, für die anderen mitzuzahlen, weil er „am solventesten" erscheint. Wenn jemand während der Bauphase in finanzielle Not gerät, muss die Gruppe sofort reagieren und schnellstmöglich Ersatz finden oder den davon betroffenen Anteil am Bauwerk unter sich aufteilen und dafür auch aufkommen.

IN JEDEM FALL GILT: Sofort die Gruppe und die Bank informieren, sobald finanzielle Engpässe entstehen. Denn hat die Bank erst einmal gemahnt, ist das Vertrauensverhältnis gestört.

Die Auszahlung der Banken erfolgt je nach Baufortschritt, wobei der erreichte Bautenstand von den Banken geprüft wird. In Verbindung mit einer Mittelabforderung ist zumindest eine Bestätigung des Architekten über den Bautenstand (manchmal mit, manchmal ohne Fotos) einzureichen. Einige

Banken lassen sich auch die eine oder andere Rechnung beauftragter Firmen vorlegen. Das angeforderte Geld wird dann auf das GbR-Konto überwiesen und fließt von dort an die Firmen weiter.

Dieses Procedere zieht sich bis zur Fertigstellung hin und muss auch schon in den Einzelfinanzierungen mitbedacht werden. Denn der Abruf der ersten Gelder kostet bereits Zinsen, so dass eine Phase der Doppelbelastung eintritt: Miete für die „alte" Wohnung inklusive Nebenkosten, Zinsen auf die ersten Kreditmittel, die ausgezahlt wurden, Bereitstellungszinsen …

Nachteil: Die Löschung kostet!

Das Grundbuch wird bei einer Gruppenfinanzierung mit den Gesamtgrundschulden belastet, die wieder gelöscht werden müssen, sobald die Grundbuchblätter für die jeweilige Wohnung angelegt werden (Pfandhaftentlassungserklärung). Hier fallen zusätzliche Kosten für Notar, Grundbuch- und Katasteramt an. Die Höhe der Kosten ist abhängig von der Gesamtkreditsumme, die zuvor im Grundbuch eingetragen wurde (Gebührentabelle nach § 32 Kostenordnung).

Der Finanzierungsaufbau
Eine sorgfältige Planung ist das A und O! Zunächst muss genau gerechnet werden, wie hoch die Kosten für das Projekt beziehungsweise die einzelne Wohnung sind (siehe Seite 61).

CHECKLISTE

1. Kosten für das Projekt
- Was kostet das Grundstück, wie hoch sind die Grunderwerbsnebenkosten, Baukosten, Kosten für die Außenanlagen, Nebenkosten etc.?
- Achtung:
Sonderwünsche = Mehrkosten

2. Notargebühr für die Grundschuldbestellung
- Wer keinen Kredit aufnehmen muss, hat diese Gebühr nicht zu tragen.

3. Zinsen und Bereitstellungsgebühren während der Bauzeit
- Wie lange wird die Bauzeit sein?
- Wann soll der Kredit aufgenommen werden?
- Wann wird mit dem Bauen begonnen?
- Wann werden die ersten Gelder abgerufen?

4. Umzugskosten

5. Liquide Rücklage
- Um Engpässe zu vermeiden, sollte nicht der letzte Cent von vornherein verplant sein. Wie hoch diese Rücklage ist, bleibt jedem Einzelnen überlassen.

WIE WIRD GEZAHLT?

Wenn all diese Punkte geklärt sind, beginnt die Überlegung, aus welchen Töpfen das Ganze bezahlt werden kann.
- Wie sieht die Liquidität aus? Welche Gelder stehen kurzfristig zur Verfügung (Tagesgeldkonten)? Welche später (Termingelder)?
- Gibt es Depots? Wann löst man diese am besten auf?
- Soll ein Bausparvertrag aufgelöst werden, ist zu bedenken, dass Bausparkassen sechs Monate Kündigungsfrist haben. Werden diese nicht eingehalten, fallen Strafgebühren an.

FÖRDERMITTEL SIND NICHT UNERHEBLICH!

Je nach Bundesland gibt es unterschiedliche Fördermittel wie Zuschüsse (= geschenkte Gelder!) und zinsverbilligte Darlehen. Häufig werden diese Fördergelder einkommensabhängig zugeteilt. Genaue Auskünfte erhält man bei den Investitions- und Landesbanken. Die Baugemeinschaftler können diese Zuschüsse zwar selbst beantragen, in der Regel tun dies jedoch die Banken oder Finanzdienstleister. Die jeweiligen Kriterien im Hinblick auf Jahreseinkommen, Anzahl der Kinder, Energieeinsparwerte sind vorgegeben. Außerdem existieren Sonderprogramme der staatlichen Bank KfW (Kreditanstalt für Wiederaufbau) zur Förderung von energieeffizientem Bauen oder Wohneigentum = zinsverbilligte Darlehen.

WICHTIG: Die Bank muss die KfW-Mittel immer vor Baubeginn beziehungsweise zeitnah beantragen.

Die Restsumme wird dann von den Banken finanziert. Das kann ein klassisches Annuitäten-Darlehen (Zins + Tilgung) sein, eine „Wohn-Riester" (Umfunktionierung der „Riester-Rente" für den Wohnungsbau) oder ein endfälliges Darlehen (über Versicherungen/Bausparverträge).

INDIVIDUALITÄT ZÄHLT

Grundsätzlich gibt es keine Pauschalaussagen, welche Finanzierung sinnvoll oder nicht sinnvoll ist. Die Gestaltung ist abhängig von Alter, Einkommen und Lebenssituation. Für ein kinderloses Ehepaar Ende vierzig, Anfang fünfzig ist das ein anderes Modell als für ein junges Paar mit zwei kleinen Kindern. Wenn ein Ehepartner gerade in Elternzeit ist, kann die Tilgung für zwei oder drei Jahre ausgesetzt werden. Somit ist die Tilgung anfangs gering und wird dann später hochgesetzt, dem Einkommen entsprechend.

Grundsätzlich gilt: Sind die Zinsen niedrig, lohnt es sich, über längere Festschreibungszeiträume nachzudenken.

Der Regelfall:
Lange Laufzeit (bis 15 Jahre) = höhere Zinsen;
kurze Laufzeit = niedrige Zinsen.

Zinsfestschreibung und Laufzeit des Kredits

Das Geld wird mit einem festen Zinssatz eingekauft. Dieser gilt für zehn oder fünfzehn Jahre. Die Laufzeit des Kredits wird beeinflusst über die Tilgung. Wer heute mit 1 Prozent tilgt, hat eine Darlehenslaufzeit von mehr als vierzig Jahren. Früher war das anders, weil man von einem Sollzins von 7,5 Prozent ausging. Daher haben unsere Eltern gesagt: 1 Prozent Tilgung entspricht dreißig Jahren, dann ist ein Haus bezahlt.

Heutzutage haben wir den großen Vorteil, dass die Finanzierungswelt wesentlich flexibler ist und die Zinsen relativ niedrig sind. Es gibt bei allen Banken die Möglichkeit, Sondertilgungen zu leisten und damit die Laufzeit des Kredits zu verkürzen. Der Mindestbetrag liegt bei 1.000 € bis 1.500 € pro Jahr, das Maximum bei 5 Prozent der ursprünglichen Darlehenssumme. Dies ist eine „Kann"-Option, niemand muss sich vorher festlegen. Sie ist individuell gestaltbar, je nachdem wie hoch die Ansparung gerade ist. Diese Sondertilgung kann einmal pro Jahr in Anspruch genommen werden. Wird sie nicht genutzt, verfällt sie für dieses Jahr.

Auch die Gesamttilgung kann verändert werden: zweimal kostenfrei während der gesamten Laufzeit. Ein besonders attraktives Angebot für Freiberufler und Selbständige, die kein konstantes Einkommen haben, sondern projektbezogen arbeiten und mal über mehr, mal über weniger Einkommen verfügen.

Bausparen ja oder nein?

Der Bausparvertrag ist nach wie vor eine traditionelle Form des Sparens, die insbesondere durch die staatliche Förderung einer „Wohn-Riester" an Bedeutung gewonnen hat. Unabhängig von der individuell zu klärenden Frage, ob ein Bausparvertrag sinnvoll ist oder nicht, gilt die Faustregel: Bausparverträge immer in Niedrigzinsphasen ansparen, weil man sich so den steigenden Zins der Zukunft sichert. Das ist besonders wichtig für Käufer, die ein begrenztes Budget haben und heute schon absehen können, dass sich die Einkommenssituation auch nicht wesentlich verändern wird.

Eine langfristige Sicherheit gibt es nur, wenn geklärt ist, dass die Finanzierung auch morgen noch tragfähig ist. Das heißt, es lohnt sich auf jeden Fall ein Blick in die Zukunft:

Wie könnte sich die Finanzierung entwickeln, wenn die Zinsen bei Ablauf der Zinsbindung (nach zehn Jahren beispielsweise) plötzlich steigen? Die Restschuldsumme muss schließlich auch noch finanziert werden. Wie hoch ist die Wahrscheinlichkeit, dass eine Finanzierung mit neuem Zinssatz in die eigene Kalkulation passt? Eine sinnvolle Spekulation!

> Für das Sicherheitspolster sollten verschiedene mögliche Zinssätze durchgerechnet werden.

DIE EINZELFINANZIERUNG

Diese Variante setzt voraus, dass die Planung des Objekts abgeschlossen ist, die Baugenehmigung sowie die Bestätigung der Wohnungstrennungen vorliegen und die Einzelblätter im Grundbuch angelegt wurden. Dann ist es denkbar, dass sich verschiedene Banken an dieser Finanzierung beteiligen. Abgesehen von der langen Vorlaufzeit bei dieser Variante: Viele Banken fordern eine Fertigstellungsgarantie mit verbindlicher Terminzusage. Bauträger können das leisten, Baugemeinschaften nicht unbedingt!

Wenn die Baugemeinschaft das Fertigstellungsrisiko und die Mitgliederwerbung allein übernimmt, entstehen im Gegenzug erhebliche Einsparungen. Diese liegen – je nach Standort und Standard – bei 200 bis 400 € pro Quadratmeter.

Banken nehmen in erster Linie eine „Risikobetrachtung" vor. Wenn irgendeine Gefahr besteht, möglicherweise Geld zu verlieren, zieht sie sich lieber zurück. Allerdings erhöht die Einzelfinanzierung auch das Spektrum der einzelnen Banken, sich an diesem Bauprojekt zu beteiligen.

Jedes Mitglied der Gruppe kann noch individueller schauen, welche Bank die besten Möglichkeiten bietet. Viele Geldhäuser finanzieren nur Beamte, Angestellte und einige Freiberufler, aber tendenziell weder Geschäftsführer noch Unternehmer. Für diese Gruppe ist dann die individuelle Finanzierung sinnvoll, weil die jeweilige Hausbank das Unternehmen und seine Umsätze kennt.

Weniger Banken – geringere Störanfälligkeit

Die Gelder müssen grundsätzlich schnell abrufbar sein, damit Rechnungen ausgeglichen und Skonti in Anspruch genommen werden können. Wenn die Gelder von unterschiedlichen Banken abgerufen werden müssen, gibt es viele Störfaktoren – und jeder Projektsteuerer rauft sich die Haare, wenn er weiß, dass er es mit fünfzehn verschiedenen Kreditinstituten zu tun hat.

Die Bearbeitungszeiten sind unterschiedlich lang, die Anforderungen der Banken an die Auszahlungsreife variieren. Die eine Bank gibt sich mit einem geringen Bautenstand zufrieden, bevor sie die Summe auszahlt, eine andere fordert einen Bautenbestand, der weiter fortgeschritten ist. Begrenzungen wie „Bei Rohbau-Fertigstellung sollten nicht mehr als 50 Prozent des Darlehens ausgezahlt sein" müssen in der Planung mit den anderen Banken koordinierbar sein. Manchmal kommt es auch vor, dass ein Brief innerhalb einer Bank schon eine Woche unterwegs ist, bevor er auf dem richtigen Schreibtisch landet. Wenn der Gruppe ein Skonto von 3 Prozent bei einer Rechnung von 100.000 € verlorengeht – wer trägt dann den Schaden? Das kann unter Umständen zu enormen Spannungen innerhalb der Gruppe führen.

Wann werden die Darlehensanträge gestellt?

Ob Einzel- oder Gruppenfinanzierung – wichtig ist der Zeitpunkt, wann die Darlehensanträge gestellt werden.

Auch wer einen hohen Eigenkapitalanteil hat, sollte mit seinem zusätzlichen Darlehensantrag nicht warten. Denn die mitfinanzierenden Banken fordern oftmals einen Nachweis für die Gesamtfinanzierung des Projekts. Es ist also im Vorfeld festzulegen, wann die Anträge gestellt werden und die Zusagen vorliegen müssen.

(Ende des Gastbeitrages von Anne Wulf)

Was kostet das Projekt?

Die Frage nach den Gesamtkosten ist schon vor Beginn des Baugemeinschaftsprojekts einer der zentralen Aspekte, weshalb die gewissenhafte Kostenermittlung (später auch -verfolgung) eine entscheidende Rolle spielt. Das gängige Instrument zur Kostenermittlung und -verfolgung im Hochbau ist die DIN 276. Sie definiert die Stufen, in denen die Kosten ermittelt und im Laufe des Projekts verfolgt werden. Alle anfallenden Kosten werden hierfür sogenannten Kostengruppen zugeordnet.

DIE VIER STUFEN DER KOSTENERMITTLUNG NACH DIN 276

1. Kostenschätzung (zum Vorentwurf)
2. Kostenberechnung (zum Entwurf)
3. Kostenanschlag (zur Ausschreibung)
4. Kostenfeststellung (nach Fertigstellung)

Die sieben Kostengruppen
100 Grundstück
200 Herrichten und Erschließen
300 Bauwerk – Baukonstruktion
400 Bauwerk – technische Anlagen
500 Außenanlagen
600 Ausstattung und Kunstwerke
700 Baunebenkosten

Beispiel: Kostengruppe 300 (Auszug)
310 Baugrube
320 Gründung
330 Außenwände
    331 Tragende Außenwände
    332 Nichttragende Außenwände
    333 Außenstützen
    334 Außentüren und -fenster
    (…)
340 Innenwände
350 Decken
360 Dächer
    361 Dachkonstruktionen
    362 Dachfenster, Dachöffnung
    363 Dachbeläge

DIE EINZELNEN STUFEN DER KOSTENERMITTLUNG

1. Hat sich die Gruppe zu einer Planungsgemeinschaft (siehe Seite 10) zusammengefunden, erfolgt zunächst die sogenannte Kostenschätzung (Beispiel siehe Seite 56). Aus unserer Sicht muss die Kostenschätzung alle sieben Kostengruppen berücksichtigen, und zwar möglichst komplett. Beispielsweise sollten in der KG 100 (Grundstück) nicht nur die reinen Grundstückskosten aufgeführt sein, sondern auch die Grunderwerbsnebenkosten wie Grunderwerbsteuer und Notargebühren.

Je mehr Kostenpunkte in die Kostenschätzung einfließen, desto höher ist die Kostensicherheit für das gesamte Projekt: Immer wird es Kosten geben, die etwas zu niedrig angesetzt wurden, während andere eher zu hoch geschätzt wurden. Sind sämtliche Kostengruppen in allen Aspekten berücksichtigt, ist es sehr wahrscheinlich, dass sich diese Fehlschätzungen am Ende ausgleichen. Hinzu kommt, dass eine lückenhafte Kostenschätzung ein verzerrtes Bild von den zu erwartenden Gesamtkosten wiedergibt, so dass dem einen oder anderen Bauherren, der sich darauf verlassen hat, am Ende plötzlich das finanzielle Wasser bis zum Hals steht. Insofern ist jede lückenhafte Kostenschätzung unverantwortlich.

Bei den ausgewiesenen Kosten gemäß DIN 276 ist es wie im Supermarkt nebenan: Die Preise sind immer inklusive Mehrwertsteuer angegeben, damit der Kunde weiß, was er an der Kasse bezahlen muss.

Bei einem Neubau werden auf Grundlage des architektonischen Vorentwurfs die Bruttogeschossfläche (BGF) und der Bruttorauminhalt (BRI) ermittelt; bei einer Altbausanierung ist die Grundlage der Kostenschätzung eher die Wohnfläche in Quadratmetern.

Damit die Kostenschätzung aber auch für die zukünftigen Bauherren eines Neubaus praktikabel ist, müssen hier ebenfalls alle Angaben auf je Quadratmeter Wohnfläche umgelegt werden. Die entsprechenden Preise je Kostengruppe stammen entweder aus aktueller Fachliteratur oder aus zeitnahen Vergleichsprojekten des Architekten.

Üblich ist, im Zuge der Kostenschätzung auch eine Wohnungsbewertung vorzunehmen; so ist ein Dachgeschoss mit Terrasse anders zu bewerten als eine Wohnung im 2. OG ohne Balkon.

Weitere Bewertungskriterien:
- Lage/Ausrichtung (Süd- oder Nordseite?)
- Größe
- Ausstattung (z. B. Fahrstuhl oder Treppe? Balkon?)

Die Wohnungsbewertung ist Ausdruck des Wiederverkaufswertes. Und da die konkrete Berechnung der Planungsgemeinschaft obliegt – meist delegiert an den Projektsteuerer –, kann es an diesem Punkt leicht zu Streitereien kommen. Hier ist also Fingerspitzengefühl gefragt. Den goldenen Weg beziehungsweise eine Faustregel gibt es leider nicht.

EINIGE TIPPS:
- Die Schere zwischen höher und niedriger bewerteten Wohnungen nicht zu groß werden lassen.
- Aufwertung der Gemeinschaftsflächen.
- Der Knackpunkt Wohnungsbewertung sollte möglichst früh bei noch geringer Belegung in Angriff genommen werden. Nach dem Motto „Wer zuerst kommt, mahlt zuerst" können die Mutigen ihren Vorteil nutzen, und Neueinsteiger wissen von vornherein, woran sie sind.

2. Die Kostenberechnung ist laut Honorarordnung für Architekten und Ingenieure (HOAI) Aufgabe des Architekten und basiert auf dem baulichen Entwurf (HOAI-Phase 3). Hier geht es darum, konkrete Massen für die einzelnen Bauelemente sowie die entsprechenden Preise zu ermitteln: Wie viele Quadratmeter Fensterfläche? Wie viele Kubikmeter Mauerwerk? Wie viele Tonnen Baustahl für die Bewehrung?

Kommt der Architekt an bestimmten Punkten nicht weiter, weil er etwas nicht genau weiß, so unterliegt er der sogenannten Abfragepflicht, das heißt, er muss sich Hilfe von Fachplanern holen.

Achtung, Architekten:
Unbedingt einen Puffer einbauen, insbesondere in der KG 300 (Baukonstruktion), da diese mit über 50 Prozent am Kostenvolumen des Gesamtprojekts den größten Anteil hat und hier aufgrund der vielen Gewerke und Einzelpositionen am ehesten etwas vergessen wird.

Achtung, Bauherren:
Teile des Sondereigentums, die unter KG 600 (Ausstattung) fallen, zum Beispiel Küche und Kaminofen, sind eindeutig Sonderwünsche und nicht in der Kostenberechnung enthalten.

Ist die Kostenberechnung gut gemacht und vollständig, ist sie ein sehr praktikabler, weil genauer Zielwert. Ist die Kostenberechnung aber gravierend höher als die Kostenschätzung: Zurück auf Los! Planung unbedingt hinterfragen, optimieren – und sich darauf einstellen, dass es unter Umständen ein Jahr dauern kann, bis eine Lösung gefunden ist.

Die Zeit sollte es jedoch wert sein; denn die Kostenberechnung fließt über den Umweg des Entwurfs schließlich in den Bauantrag ein und stellt damit den „Point of no Return" dar. Das ist insofern klar, als eine Baugenehmigung für ein Massivhaus eben nicht plötzlich als Holzbau ausgeführt werden kann.

Projekt: Baugemeinschaft AB				Kostenschätzung nach Kostengruppen DIN 276	
GRUNDLAGE: BKI und eigene Daten					
100 Grundstück					**817.500 €**
110 Kaufpreis	Grundstück	5.000 qm		150 €	750.000 €
120 Steuern, Gebühren	Grunderwerbsteuern, Notarkosten	9,0%			67.500 €
200 Herrichten und Erschließen					**182.400 €**
210 Herrichten					
212 Abbruchmassnahmen	Altbau	13.000 m³		7,30 €	94.900 €
213 Altlastenbeseitigung	entspr. Kaufvertrag	1 Stck		50.000 €	50.000 €
213 Herrichten der Geländeoberfläche	Roden von Bewuchs, Planieren, Bodenbewegungen	1 psch		10.000 €	10.000 €
220 Öffentliche Erschließung					
221 Abwasserentsorgung		1 Stck		5.000 €	5.000 €
222 Wasserversorgung		1 Stck		6.500 €	6.500 €
223 Gasversorgung		0 Stck		0 €	0 €
225 Stromversorgung		1 Stck		5.000 €	5.000 €
226 Telekommunikation		1 Stck		1.000 €	1.000 €
227 Verkehrserschliessung	Überwege Bürgersteig	1 Stck		10.000 €	10.000 €
240 Ausgleichsabgaben	z. B. Ersatzpflanzungen	0 Stck			
300 Bauwerk - Baukonstruktionen					**2.700.000 €**
300 Bauwerk	Hochbau BGF	2.250 m2		1.200 €	2.700.000 €
400 Bauwerk - Technische Anlagen					**405.000 €**
400 TA	Hochbau BGF	2.250 qm		180 €	405.000 €
500 Außenanlagen					**86.000 €**
500 Garten- und Wegegestaltung		2.000 m²		43 €	86.000 €
600 Ausstattung					**0 €**
600	n.n.	0 Stck		0 €	0 €
700 Baunebenkosten					**550.000 €**
700-0	Projektsteuerung	1 Stck		130.000 €	130.000 €
730 Architekten- und Ingenieursleistungen					
731 Gebäude	Architekt incl. Brandschutz	1 Stck		285.000 €	285.000 €
732 Freianlagen	Landschaftsplaner	1 Stck		15.000 €	15.000 €
735 Tragwerksplanung	Statiker	1 Stck		70.000 €	70.000 €
736 Technische Ausrüstung	Haustechniker	1 Stck		50.000 €	50.000 €
740 Gutachten und Beratung					
743 Bodenmechanik	Bodengutachter	1 Stck		5.000 €	
744 Vermessung	Vermessungsingenieur	1 Stck		12.000 €	
750 Allgemeine Baunebenkosten					
771 Prüfungen, Genehmigungen	Baugenehmigungsgebühr SiGeKo	1 Stck		40.000 €	
779 Allgemeine Baunebenkosten	Teilung, Unterhalt Grundstück	1 Stck		20.000 €	
Summe KG 1 bis 7 (brutto inkl. 19% Mwst.)					**4.740.900 €**

Gesamtkosten je m² BGF	3.150,0 m²	1.505 €
Gesamtkosten je m² Wfl.	2.250,0 m²	2.107 €
Gesamtkosten je m² BRI	10.080,0 m³	470 €

KG 300+400 je m² BGF	3.150,0 m²	986 €
KG 300+400 je m² Wfl.	2.250,0 m²	1.380 €
KG 300+400 je m² BRI	10.080,0 m³	308 €

Aufgestellt ArGe Keinert + Büsching   04.01.2010

> **TIPP:**
> Ist bereits die Kostenberechnung nach Gewerken statt nach Kostengruppen aufgeschlüsselt, erleichtert das die spätere Kostenverfolgung.

3. Nach der Kostenberechnung einen verbindlichen Kostenanschlag abzugeben, wie in DIN 276 gefordert, lässt sich mit „Bauen im Prozess" nicht vereinbaren. Denn um einen stichhaltigen Kostenanschlag abgeben zu können, müsste der komplette Bau bis zur „letzten Schraube" durchgeplant sein, müssten sämtliche Leistungen ausgeschrieben sein und die Angebote aller Firmen vorliegen – vom Bauhauptunternehmer bis zum Gartenplaner. Das kostet viel zu viel – im Wortsinne – kostbare Zeit.

Zudem ist ein Kostenanschlag zu unflexibel, als dass man damit eine vernünftige Kostenkontrolle vornehmen könnte: Wer sich an einen Kostenanschlag gemäß DIN 276 bindet, gibt ein wichtiges Steuerungsinstrument in Sachen Kostenverfolgung während der fließenden Bau- und Ausschreibungsphase aus der Hand. Weder ist es dann möglich, den Qualitätsstandard an irgendeiner Stelle zu heben oder zu senken, noch kann ein Gewerk dem aktuellen Bedarf entsprechend beauftragt werden.

4. Ganz am Schluss, wenn alles „niet- und nagelfest" ist und alle Bauherren beziehungsweise Baufamilien eingezogen sind, erfolgt die Kostenfeststellung. Hier werden, basierend auf den Schlussrechnungen der Firmen und anderen Belegen, sämtliche Kosten erfasst, die im Rahmen des Baugemeinschaftsprojekts entstanden sind. Je gewissenhafter die Kostenkontrolle durchgeführt wurde, desto weniger Überraschungen hält dieser letzte Schritt der Kostenermittlung bereit.

KOSTENVERFOLGUNG IM PROJEKTVERLAUF

Für Baugemeinschaften empfiehlt sich das mehrfach angesprochene „Bauen und Planen im Prozess". Das heißt, die Planungs- und Bauphasen überschneiden sich. Dadurch verkürzt sich zum einen die für das Gesamtprojekt benötigte Zeit, zum anderen müssen die Bauherren nicht alle Entscheidungen kurz hintereinander treffen.

Beispiel: Obwohl der Bauunternehmer schon die Wände mauert, kann sich der Bauherr noch in Ruhe seinen Bodenbelag aussuchen. Zwei erhebliche Vorteile, die allerdings einer fortlaufenden Kostenverfolgung und damit -kontrolle bedürfen. Die Kostenverfolgung für die KG 300 und 400 betreut in der

ArGe Keinert + Büschung

Projekt: Baugemeinschaft AB   **Kostenverfolgung (Prognose) KG 300 + 400**

Stand: 01.01.2011

Kostengruppe 300 (Baukonstruktion)

Pos		Schätzung / Kostenberechnung	ZW-Summe Schätzung	Angebot/Auftrag	Abz.%	ZW-Summe Angebot/Auftrag	Mehrmenge/Nachtrag	ZW-Summe Mehrmenge/Nachtrag	mehr %	Schlußrechnung	ZW Summe Prognose	Firma / Bemerkung
6	Gerüstarbeiten	42.000,00 €		39.000,00 €	0,0%			0,00 €		35.000,00 €		Fa. AA
	Gesamtsumme		42.000,00 €			39.000,00 €			0,0		35.000,00 €	
8	Bauhaupt				0,0%							Fa. BB
	Baustelleneinrichtung	40.000,00 €		40.344,00 €				0,00 €		52.000,00 €		
	Erdarbeiter	45.000,00 €		47.500,00 €				0,00 €		45.000,00 €		
	Beton- u. Stahlbetonarbeiten	375.000,00 €		365.000,00 €			10.000,00 € Mehrmenge Verfüllmaterial	0,00 €		360.000,00 €		
	Abdichtungsarbeiten	50.000,00 €		51.000,00 €				0,00 €		52.000,00 €		
	Maurerarbeiten	225.000,00 €		218.000,00 €				0,00 €		220.000,00 €		
	Gesamtsumme		735.000,00 €			721.844,00 €		10.000,00 €	1,4		729.000,00 €	
9	Zimmererarbeiten	225.000,00 €		225.000,00 €	0,0%			0,00 €		220.000,00 €		Fa. CC
	Gesamtsumme		225.000,00 €			225.000,00 €		0,00 €	0,0		220.000,00 €	
10	Dachdeckerarbeiten	125.000,00 €		120.000,00 €	0,0%					128.000,00 €		Fa. DD
	Gesamtsumme		125.000,00 €			120.000,00 €		0,00 €	0,0		128.000,00 €	
11	Tischlerarbeiten				0,0%							Fa. EE
	(Innentüren)	65.000,00 €		55.000,00 €				0,00 €		0,00 €		
								0,00 €		0,00 €		
			65.000,00 €			55.000,00 €		0,00 €	0,0		55.000,00 €	
12	Fenster				0,0%							Fa. FF
	(+Aussentüren)	195.000,00 €		200.000,00 €			5.000,00 € Haustüren			192.000,00 €		
										0,00 €		
	Gesamtsumme		195.000,00 €			200.000,00 €		5.000,00 €	2,5		192.000,00 €	
13	Putzarbeiten	75.000,00 €		65.000,00 €	0,0%		5.000,00 € Schliessen Stoßfugen			63.000,00 €		Fa. GG
	Gesamtsumme		75.000,00 €			65.000,00 €		5.000,00 €	7,7		63.000,00 €	
14	Estricharbeiten	65.000,00 €		58.000,00 €	0,0%					0,00 €		Fa. JJ
	Gesamtsumme		65.000,00 €			58.000,00 €		0,00 €	0,0		58.000,00 €	
15	Trockenbauarbeiten	95.000,00 €		116.000,00 €	0,0%					0,00 €		Fa. KK
	Gesamtsumme		95.000,00 €			116.000,00 €		0,00 €	0,0		116.000,00 €	
16	Malerarbeiten				0,0%							Fa. n.n.
	Maler innen	50.000,00 €		0,00 €				0,00 €		0,00 €		
	Gesamtsumme		50.000,00 €			0,00 €		0,00 €	#DIV/0!		50.000,00 €	
17	Fassade	195.000,00 €		175.000,00 €	0,0%		15.000,00 € Verstärktes Gewebe			0,00 €		Fa. MM
			195.000,00 €			175.000,00 €		15.000,00 €	8,6		190.000,00 €	
18	Fliesenarbeiten				0,0%							Fa. n.n.
	Verlegen + Vorarbeiten	55.000,00 €		0,00 €				0,00 €		0,00 €		
	Material	25.000,00 €		0,00 €				0,00 €		0,00 €		
			80.000,00 €			0,00 €		0,00 €	#DIV/0!		80.000,00 €	
19	Parkettarbeiten	170.000,00 €		160.000,00 €	5,0%					0,00 €		Fa. OO
			170.000,00 €			152.000,00 €		0,00 €	0,0		152.000,00 €	
20	Metallbauarbeiten	100.000,00 €		110.000,00 €	0,0%					0,00 €		Fa. PP
	Gesamtsumme		100.000,00 €			110.000,00 €		0,00 €	0,0		110.000,00 €	
21	Baureinigung	5.000,00 €		0,00 €	0,0%					0,00 €		Fa. n.n.
	Gesamtsumme		5.000,00 €			0,00 €		0,00 €	#DIV/0!		5.000,00 €	
22	Wohnungstreppen				0,0%							Fa. n.n.
	(nur Holztreppen)	40.000,00 €		0,00 €				0,00 €		0,00 €		
	Gesamtsumme		40.000,00 €			0,00 €		0,00 €	#DIV/0!		40.000,00 €	
22	n.n.				0,0%							Fa. n.n.
	xx	6.907,56 €		0,00 €				0,00 €		0,00 €		
	Gesamtsumme		6.907,56 €			0,00 €		0,00 €	#DIV/0!		6.907,56 €	
	Bausumme gesamt netto		2.268.907,56 €			2.036.844,00 €		35.000,00 €			2.229.907,56 €	
	19 % Mwst		431.092,44 €			387.000,36 €		6.650,00 €			423.682,44 €	
	KG 300 gesamt brutto		**2.700.000,00 €**			**2.423.844,00 €**		**41.650,00 €**	**1,7**		**2.653.590,00 €**	

	Schätzung	Stand	Differenz	%
Kostenprognose KG 300	2.700.000,00 €	2.653.590,00 €	46.410,00 €	98,3%

Kostengruppe 400 (Technische Anlagen)

Pos		Schätzung / Kostenberechnung	ZW-Summe Schätzung	Angebot/Auftrag	Abz.%	ZW-Summe Angebot/Auftrag	Mehrmenge/Nachtrag	ZW-Summe Mehrmenge/Nachtrag	mehr %	Schlußrechnung	ZW Summe Prognose	Firma / Bemerkung
26	HLS				0,0%							Fa. PP
	Installation	135.000,00 €		125.000,00 €			8.000,00 € Satellitenanlage	0,00 €		0,00 €		
	Heizkörper	60.000,00 €		55.000,00 €				0,00 €				
	Gesamtsumme		195.000,00 €			180.000,00 €		8.000,00 €	4,4		188.000,00 €	
27	Elektro				0,0%							Fa. RR
	Gesamtanlage Elektro	110.000,00 €		108.000,00 €				0,00 €		0,00 €		
	Leuchten	0,00 €		0,00 €				0,00 €				
	Gesamtsumme		110.000,00 €			108.000,00 €		0,00 €	0,0		108.000,00 €	
28	Regenwasser				0,0%							Fa. n.n
	Aussenanlage etc.	20.000,00 €		25.000,00 €				0,00 €		0,00 €		
	Gesamtsumme		20.000,00 €			25.000,00 €		0,00 €	0,0		25.000,00 €	
28	Divers				0,0%							Fa. n.n
	n.n.	15.336,14 €		0,00 €				0,00 €		0,00 €		
	Gesamtsumme		15.336,14 €			0,00 €		0,00 €	#DIV/0!		15.336,14 €	
	Bausumme gesamt netto		340.336,14 €			313.000,00 €		8.000,00 €			336.336,14 €	
	19 % Mwst		64.663,87 €			59.470,00 €		1.520,00 €			63.903,87 €	
	KG 400 gesamt brutto		**405.000,00 €**			**372.470,00 €**		**9.520,00 €**	**2,6**		**400.240,00 €**	

	Schätzung	Stand	Differenz	%
Kostenprognose KG 400	405.000,00 €	400.240,00 €	4.760,00 €	98,8%

Regel der Architekt. Sie sollte, wie bereits erwähnt, gewerkeweise aufgebaut sein, damit die verschiedenen Gewerke problemlos in unterschiedlichen Stadien bearbeitet werden können.

Beispiel: Während der Bauhauptunternehmer (Maurer) schon seine Schlussrechnung eingereicht hat, ist der Trockenbauer beim Aufstellen der Innenwände, und der Estrichleger gibt gerade erst sein Angebot ab.

In einer solchen Kostenverfolgung kann also ein Teil der Kosten durchaus schon als Schlussrechnung auftauchen, obwohl andere Kosten noch den Angebotspreisen entsprechen oder die Zahlen aus der Kostenberechnung darstellen.

Wer auf diese Weise immer den Überblick über den aktuellen Kostenstand hat, also auch eine recht genaue Kostenprognose (siehe unten) abgeben kann, ist in der Lage, die Ausgaben aktiv zu lenken. Angenommen, die Baugemeinschaft steht vor der Frage: Dachbegrünung und/oder aufwendiger Gartenzaun? Die Entscheidung kann sich nun an dem aktuellen Kostenstand orientieren: Trägt das Baugemeinschaftsbudget beides? Oder muss an der favorisierten Außenplangestaltung gefeilt werden? Verzichten wir zum Beispiel zugunsten unseres Traumzauns auf die kostenintensive Dachbegrünung?

> **BAUHERREN-TIPP:**
> Auch für die individuelle Wohnung – und die persönliche Entspannung – lohnt es sich, eine gesonderte Kostenverfolgung vorzunehmen.

Der Projektsteuerer muss dafür sorgen, dass die Bauherren in regelmäßigen Abständen über den Stand der Kostenprognose, also über das Ergebnis aus der Kostenverfolgung des Architekten (KG 300 und 400) und über alle Kosten, die ein Häuslebauer-Bauherr selber überwachen muss, informiert werden.

Kosten, die nicht unter KG 300 und 400 fallen, sind alle mit dem Grunderwerb verbundenen Kosten (Notargebühren, Grunderwerbsteuer usw.), Kosten für die technische Anbindung des Bauwerks an das öffentliche Netz (Wasser, Strom, Gas etc.), Kosten für die Außenanlagen, Kosten für die Ausstattung und die Gebühren der beteiligten Ämter und Institutionen sowie Rechnungen beauftragter Fachplaner (Statiker, Haustechniker etc.).

Eine sinnvolle Kostenprognose im Hinblick auf das Gesamtprojekt erfasst alle 7 Kostengruppen in einem anschaulichen Plus-Minus-Überblick. Damit besitzt die Baugemeinschaft zu jedem Zeitpunkt eine fundierte Entscheidungsgrundlage, wenn es um Mehr- oder Minderausgaben geht.

Projekt: Baugemeinschaft AB			Übersicht Kostenprognose KG 100 bis 700	
				Stand: 01.01.2011
	Kostenberechnung v. 01.04.2011	aktuelle Prognose	Über- /unterschreitung	in Prozent
100 Grundstück	817.500 €	850.000 €	32.500 €	4,0%
200 Herrichten und Erschliessen	185.000 €	175.000 €	-10.000 €	-5,4%
300 Bauwerk - Baukonstruktionen	2.700.000 €	2.653.590 €	-46.410 €	-1,7%
400 Bauwerk - Technische Anlagen	405.000 €	400.240 €	-4.760 €	-1,2%
500 Aussenanlagen	86.000 €	86.000 €	0 €	0,0%
700 Baunebenkosten	550.000 €	540.000 €	-10.000 €	-1,8%
Summe KG 1 bis 7 (brutto inkl. 19% Mwst.)	4.743.500 €	4.704.830 €	-38.670 €	-0,8%

GEMEINSCHAFTSEIGENTUM UND SONDEREIGENTUM

Die Kostenverfolgung des Projektsteuerers beziehungsweise Architekten bezieht sich ausschließlich auf das Gesamtprojekt mit seinen festgelegten Standards, berücksichtigt also nicht die Sonderwünsche der einzelnen Bauherren und die damit verbundenen Mehrkosten.

Alles, was baulich umgesetzt wird, teilt sich in zwei Kategorien auf: den Teil, der allen gehört (Gemeinschaftseigentum) und einen Teil, der den einzelnen Wohnungseigentümern gehört (Sondereigentum).

GEMEINSCHAFTSEIGENTUM	SONDEREIGENTUM
• Von der Baugemeinschaft zu finanzierendes Eigentum. • Die Baukosten werden anteilig auf alle Wohnungen umgelegt. • Dazu gehört alles, was die einzelne Wohnung umgibt (Dach, Wände, Fenster, Treppenhaus, Klingelanlage, Gartenflächen etc.).	• Vollständig von dem jeweiligen Bauherren zu finanzieren. • Dazu gehört alles, was Teil der Wohnung ist (Türen, Bodenbelag, Sanitärobjekte, Fliesen etc.). • Die Qualität bestimmt der Bauherr weitgehend selbst.

Projekt: **Baugemeinschaft AB**
Wohnung **AA**

grüne Felder aus Entwurf berechnen
gelbe Felder nach Beauftragung anpassen

Einheitspreise aus Kostenberechnung vom 19.03.2010 - Alle Preise sind für eine komplette Leistung (Material und Lohn)

		Preise aus Kostenberechnung (Angaben netto - ohne MwSt.)				Preise aus Auftrag			
Gewerk	Maßnahme	Menge je WE	Einheit	Einheits-preis netto	geplante Kosten	Menge je WE	Einheit	Einheitspreis netto	geplante Kosten
Trockenbau	leichte Trennwände	100	qm	40 €	4.000 €	100	qm	42 €	4.200 €
	Vorsatzschale Schächte	0	qm	45 €	- €	0	qm	- €	- €
	Vorsatzschale Bäder	7	qm	30 €	210 €	7	qm	34 €	238 €
	Innentüren inkl. Griffe	5	Stück	260 €	1.300 €	5	Stück	270 €	1.350 €
	2-flüglige Tür inkl.Griffe	0	Stück	800 €	- €	0	Stück	-	- €
	Schiebetür inkl. Griffe ca. 1m	1	Stück	600 €	600 €	1	Stück	560 €	560 €
Bodenbelag	Parkett inkl. Versiegelung	105	qm	60 €	6.300 €	105	qm	58 €	6.090 €
	Fußleisten	112	m	6,00 €	672 €	112	m	6,50 €	728 €
Tischler	Innentreppe	1	Stück	4.200 €	4.200 €	1	Stück	4.100 €	4.100 €
	Austrittstreppe DG	1	Stück	800 €	800 €	1	Stück	1.300 €	1.300 €
HLS	WC incl. Deckel + VWE	2	Stück	250 €	500 €	2	Stück	320 €	640 €
900	Badewanne mit Armatur	1	Stück	600 €	600 €	1	Stück	900 €	900 €
	Dusche incl. Armatur	1	Stück	500 €	500 €	1	Stück	650 €	650 €
	Waschbecken 60 cm inkl. Armatur	2	Stück	200 €	400 €	2	Stück	360 €	720 €
	Sanitärverteilung	1	psch	1.000 €	1.000 €	1	psch	1.000 €	1.000 €
	Heizungsverteilung und HK	120	m² Wfl.	28 €	3.360 €	120	m² Wfl.	28 €	3.360 €
Elektro	Elektroverteilung	120	qm	28 €	3.360 €	120	qm	28 €	3.360 €
Fliesen	Bodenfliese inkl. Verlegung	15	qm	50 €	750 €	15	qm	75 €	1.125 €
	Wandfliese inkl. Verlegung	20	qm	45 €	900 €	20	qm	65 €	1.300 €
	Abdichtung Bäder	1	Stück	500 €	500 €	1	Stück	500 €	500 €
Maler	Anstrich Wand	400	qm	3,20 €	1.280 €	400	qm	3,60 €	1.440 €
	Anstrich Decke	120	qm	3,80 €	456 €	120	qm	4,20 €	504 €
	zusammen				31.688 €				34.065 €
19%	Mehrwertsteuer				6.021 €				6.472 €
	Gesamtkosten Sondereigentum				37.709 €				40.537 €
	weitere Kosten auf Wunsch des Bauherren (Angaben brutto - inkl. MwSt)								
Fenster	zusätzliche Flächen	0,0	m²	450 €	- €	0,0	m²	-	- €
	Schallschutzfenster	0,0	m²	80 €	- €	0,0	m²	-	- €
Elektro	Cat 7 Verkabelung	0	psch	400 €	- €	1	Stück	500 €	500 €
	elektr. Fußbodenheizung Bad	0	Stück	500 €	- €	0	Stück	-	- €
HLS/Elektro	Wohnungstrennung vorbereiten	0	Stück	1.600 €	- €	1	Stück	1.600 €	1.600 €
Schornstein		1	Stück	1.700 €	1.700 €	1	Stück	1.650 €	1.650 €
Küche		0	Stück	- €	- €	1	Stück	4.500 €	4.500 €
Kaminofen		0	Stück	- €	- €	1	Stück	2.500 €	2.500 €
Regal Abstellkammer						1	Stück	400 €	400 €
Satelitenanlage		0	Stück	- €	- €	1	Stück	600 €	600 €
	zusammen				1.700 €				11.750 €
Gesamtkosten Sondereigentum und Bauherrenwünsche					39.409 €				52.287 €
Grundstückskosten aus Kostenplan					53.293 €				53.293 €
Gemeinschaftskosten aus Kostenplan KG 300+400+500					131.400 €				131.400 €
Baunebenkosten aus Kostenplan					29.280 €				29.280 €
Gesamtkosten Wohnung AA					**253.382 €**				**266.260 €**

Diese Definition beruht auf den Bestimmungen des Wohnungseigentumsgesetzes (WEG-Gesetz), in welchem auch die Rechte und Pflichten von Wohnungseigentümer-Gemeinschaften geregelt sind.

Dank der relativen Entscheidungsfreiheit[2] beim Sondereigentum kann der Bauherr aktiv Einfluss auf die von ihm zu tragenden Kosten nehmen. Daher ist es sinnvoll, den Bauherren eine Liste zur Verfügung zu stellen, anhand derer sie die individuellen Kosten (Sondereigentum) kalkulieren, verfolgen und lenken können.

---

[2] Wie hoch der Freiheitsgrad in der einzelnen Wohnung ist, definiert die Baugemeinschaft selbst. Stichwort „Typisierung".

Beispiel: Als Standard wird eine Fliesenart festgelegt, die mit 20 €/m² Materialkosten und 25 €/m² Verlegekosten angesetzt ist. Sucht sich die Baudame nun aber eine edle Mosaikfliese aus dem schönen Italien aus, können die Materialkosten schnell auf 250 €/m² steigen. Bei 20 m² zu fliesender Fläche wären das Mehrkosten von 4.600 €. Da Ähnliches für alle Entscheidungen innerhalb der eigenen vier Wände gilt, lässt sich leicht überschlagen, wie schnell man bei 20.000 € Mehrkosten angelangt ist.

DAS LIEBE GELD:
EINGANG UND AUSGANG

Da die Baugemeinschaft als sogenanntes Rechtssubjekt, also als selbständiger Träger von Rechten und Pflichten gegenüber der Außenwelt in Erscheinung tritt, werden selbstverständlich alle Geldangelegenheiten über ein gemeinsames Konto abgewickelt:

- Über dieses Konto fließen sämtliche Gelder aus den Mittelabforderungen.

- Von diesem Konto werden alle Kosten und Rechnungen der Planungs- und Baugemeinschaft beglichen: Vom Grundstückskauf über das Architektenhonorar bis hin zu den einzelnen Baurechnungen.

Wer aus dem Team Zugriff auf das gemeinschaftliche Konto hat, wird vertraglich geregelt (z. B. Geschäftsführung und Projektsteuerer); sich über den Kontostand jederzeit zu informieren sollte aber allen Bauherren und -damen möglich sein, schließlich ist es ihr Geld, das ausgegeben wird.

Damit die Baugemeinschaft liquide bleibt, muss der Projektsteuerer darauf achten, dass das Konto immer ausreichend gefüllt ist. Das heißt, die Mittelabforderungen sind frühzeitig vorzubereiten. Zumal sich an dieser Stelle richtig Geld sparen lässt: Wurde mit den Baufirmen ein Skonto bei zeitnahem Zahlungseingang vereinbart, wäre eine verspätete Zahlung aufgrund eines leeren Baugemeinschaftskontos „rausgeschmissenes Geld".

Ein simples Rechenbeispiel: Die reinen Baukosten betragen 2.000.000 €, im Mittel ist ein Skonto von 2,5 Prozent mit den Baufirmen vereinbart. Können alle Rechnungen innerhalb der Skontofrist beglichen werden, ist die Einsparung aus Skonto schon 50.000 € wert. Eine kostbare Sondereinsparung oder auch Kostenreserve, über die man am Ende eines Projekts sicherlich froh wäre.

TIPP: Mögliche Ersparnisse durch Skonto sollten nicht in die Kostenprognose einfließen, denn sonst verpufft ein prima Sicherheitspuffer.

Zwei Baukonto-Grundsätze:

1. Liegen die Beträge, die von dem Baukonto abgehen, über einer bestimmten Höhe, zum Beispiel über 10.000 €, greift das Vier-Augen-Prinzip. Das heißt, die Ausgaben/Rechnungen müssen von zwei Personen, beispielsweise von dem Projektleiter und einer Geschäftsführerin, gegengezeichnet werden.

2. Kein gemeinschaftliches Konto ohne Buchführung. Im Laufe eines Bauprozesses finden nicht selten mehrere hundert Geldtransaktionen statt. Darüber Buch zu führen, welche Gelder von wem wofür wohin geflossen sind, verlangt eine ziemlich große Portion Gewissenhaftigkeit, Struktur und Disziplin. Zumal die Buchhaltung einer Baugemeinschaft sicherstellen muss, dass bestimmte Einnahmen (Eigenkapital/Kreditzuweisungen) und Ausgaben eindeutig bestimmten Bauherren zugeordnet werden können.

Deshalb ist dieser „Job" in einem Baugemeinschaftsprojekt nicht zu unterschätzen – auch nicht im Hinblick auf den zeitlichen Aufwand. Findet sich unter den Bauherren jemand mit der entsprechenden Qualifikation, kann die Buchführung/Buchhaltung durchaus in Eigenleistung (bei angemessener Aufwandsentschädigung) erbracht werden. Wichtig ist nur, dass die Verantwortung kontinuierlich in einer Hand liegt. Die meisten Baugemeinschaften entscheiden sich jedoch für den etwas kostenintensiveren Weg, indem sie den Projektsteuerer mit der Buchhaltung betrauen. Das ist insofern sinnvoll, als dieser sowieso den Überblick über die Kosten des Projekts behalten muss – und er in der Regel das Vertrauen aller Bauherren genießt.

Ein (Ehren-)Amt, das auf jeden Fall von einem Mitglied der Baugemeinschaft bekleidet werden sollte, ist das Amt des Rechnungsprüfers. Einfach ausgedrückt überprüft sie oder er die ordnungsgemäße Freigabe von Rechnungen und die Übereinstimmung zwischen der Buchführung mit den Geldbewegungen auf dem gemeinschaftlichen Konto.

Die Banken erwarten für die Mittelabforderungen üblicherweise einen Bautenstandsbericht sowie einen Ausgabenbericht, gegliedert nach DIN 276. Ist die Kostenprognose mit einer Buchführung hinterlegt, die in gleicher Art nach den sieben Kostengruppen aufgebaut ist, kann diese Kostenstandsübersicht jederzeit problemlos abgerufen werden.

Des Pudels Kern: das Grundstück / der Altbau

Das bindende Element zwischen den Menschen, die sich als Baugemeinschaft zusammenfinden, ist erfahrungsgemäß ein konkretes Objekt, sprich das zu bebauende Grundstück (oder ein zu sanierender Altbau).

Die Idee, mit sympathischen Menschen zusammen eine Baugemeinschaft zu gründen und sich damit nicht nur ein schönes Eigenheim zu schaffen, sondern auch gleich eine nette Nachbarschaft, hat durchaus Charme. Fehlt jedoch allzu lange das Objekt, an dem die Idee zu einem handfesten Projekt wachsen kann, erlischt früher oder später das anfängliche Feuer der Begeisterung – und in der Folge die notwendige Energie. Darum ist es wichtig, die Baugemeinschaftsidee möglichst an ein reales Objekt zu koppeln, sein Ziel gewissermaßen vor Augen zu haben…

Sobald ein entsprechendes Grundstück beziehungsweise Haus in Sicht ist, sind zunächst zwei grundlegende Punkte zu klären:

Punkt 1 ist die Eigentümerrecherche, denn nur so lässt sich in Erfahrung bringen, ob das Objekt überhaupt zum Verkauf steht. Wem welches Grundstück gehört, ist im Liegenschaftskataster der Gemeinde bzw. des Bezirks verzeichnet. Der erste Weg führt also zum Katasteramt.

Der zweite Weg, der durchaus parallel beschritten werden sollte, führt zum Stadtplanungs-, gegebenenfalls auch zum Bauamt, um Punkt 2 zu klären: Ist es baurechtlich möglich, das in Frage kommende Grundstück zu bebauen? Ist die Bauidee oder eine Nutzungsänderung genehmigungsfähig?

In einigen Städten lassen sich diese Informationen zwar über bestimmte Internetportale ermitteln, doch der Teufel liegt wie immer im Detail: Für viele Grundstücke gibt es Bebauungspläne, die mehr oder weniger genau festlegen, was dort planerisch umgesetzt werden darf. Dennoch lohnt sich das persönliche Gespräch, zumal die Zuständigen in den Behörden ihren Bezirk beziehungsweise ihre Gemeinde sehr viel besser kennen als irgendein Internetportal. Sie wissen um bestimmte Randbedingungen, besondere Gegebenheiten vor Ort usw.

Hinzu kommt, dass die verantwortlichen Mitarbeiter/innen in den einschlägigen Ämtern auch an den – hoffentlich – folgenden Schritten, vor allem dem Verfahren der Baugenehmigung, beteiligt sein werden. Je eher sie persönlich von den Plänen des Baugemeinschaftsprojekts erfahren und in bestimmte Überlegungen eingebunden werden, desto unkomplizierter und zügiger das gesamte Verfahren!

TIPP: Wer zukünftige Abläufe und Verfahren möglichst reibungslos gestalten möchte, sollte die Beamten im Stadtplanungs- und Bauamt frühzeitig mit ins Boot holen!

Steht der Bauidee grundsätzlich nichts im Weg, das heißt, das Grundstück darf bebaut werden und der Eigentümer ist bereit, es zu verkaufen, sollte es „Schlag auf Schlag" und „Hand in Hand" gehen:
- Architektonisches Konzept
- Schadstoffgutachten
- Preisfindung
- Objektsicherung

Spätestens jetzt ist ein Architekt einzuschalten: Wie lassen sich die Vorstellungen der Initiatoren planerisch umsetzen? An welchen Stellen sind Wünsche und Objekt nicht miteinander zu vereinbaren? Wo heißt es umdenken oder modifizieren?

Bei Grundstücken, die sich in alten Innenstadtlagen befinden, muss sich jemand um die Frage kümmern, wie es um die Schadstoffbelastung des Grundstückes steht, während dies bei neu erschlossenen Baugrundstücken auf der grünen Wiese normalerweise nicht von Belang ist. Bei einem Altbau indes wäre es wiederum unverantwortlich, auf eine Schadstoff- und Bestandsuntersuchung zu verzichten.

Typische Schadstoffe in Altbauten:
- ausgasende, giftige Holzschutzmittel im Dach
- Künstliche Mineralfasern (KMF) in Leichtbauwänden
- Asbestfasern in Dichtungsmaterialien
- Wasserleitungen aus Blei
- Polycyclische aromatische Kohlenwasserstoffe (PAK) in Bitumenbahnen und/oder Teerpappen

Typische Bauschäden in Altbauten:
- Hausschwamm
- Schädlinge in geschlossenen Holzkonstruktionen
- Fäule an Balkenköpfen

Es empfiehlt sich, das Gebäude auf diese Punkte hin von einem Gutachter untersuchen zu lassen. Er weiß dank seiner Erfahrung genau, welche Stellen problematisch sein können. Sollte er fündig werden, ist er in der Lage, die erforderlichen Maßnahmen und daraus entstehenden Folgekosten abzuschätzen. Diese Untersuchungen sollten unbedingt *vor* dem Kauf des Objekts erfolgen, da es kompliziert werden könnte, von dem Kaufvertrag zurückzutreten. Der Verkäufer hat zwar die Pflicht, sein Wissen um vorhandene Schäden preiszugeben, doch auch hier gilt die Nachweispflicht, man muss ihm also dieses Wissen und damit das mutwillige Verschweigen nachweisen können.

> Keine Altbausanierung ohne vorheriges Holz- und Schadstoffgutachten!

Die Investition in einen professionellen Schadstoffgutachter lohnt sich auch bei einem Grundstück, dessen Historie auf mögliche Bodenbelastungen schließen lässt. Liegt das Grundstück auf einem ehemaligen Bahn- oder Industriegelände sind Schadstofe fast obligatorisch. Befand sich auf dem Grundstück altlastenverdächtiges Gewerbe, zum Beispiel eine Autowerkstatt, ist oft von Altölversickerungen auszugehen. Eine Nachfrage beim zuständigen Umweltamt ist in jedem Fall sinnvoll, denn viele Städte verfügen über konkrete Untersuchungsergebnisse von Altlastenverdachtsflächen. Es gibt allerdings Fälle, in denen es legitim ist abzuwägen: Sollen wir wirklich „schlafende Hunde" wecken, obwohl keinerlei gesundheitliche Gefährdung bei späterer Nutzung gegeben ist?

Eventuell lässt sich die aufwendige und kostenintensive Sanierung auch umgehen, indem die Bauplanung sich entsprechend anpasst. Hat man beispielsweise auf einem ehemaligen Gewerbestandort eine oberflächennahe Grundwasserbelastung, die in der Bauphase zu einer teuren Grundwasserrückhaltung mit Reinigungsanlage verpflichtet, wäre darüber nachzudenken, die Kellersohle etwas höher zu legen, um gar nicht erst damit in Berührung zu kommen.

Die nächsten, für die meisten potenziellen Baugemeinschaften entscheidenden Fragen lauten: Was kostet das Objekt (Grundstück/Gebäude)? Ist das Vorhaben, inklusive Grundstücks- beziehungsweise Gebäudekauf, finanziell überhaupt realisierbar? Wer wissen will, welcher Preis für das Objekt angemessen ist, sollte den aktuellen Verkehrswert des Objekts kennen. Viele Gemeinden und Bezirke bundesweit lassen sogenannte Bodenrichtwertkarten von Gutachterausschüssen erstellen. Die Angaben beruhen auf den Verkaufspreisen vergleichbarer Objekte und sind im Internet abrufbar: Einfach „GAA Musterstadt" oder „Bodenrichtwert Musterstadt" in geeigneter Suchmaschine eingeben. Die Kosten für diese Abfrage belaufen sich in der Regel auf ein paar Euro. So kann man sich ein grobes Bild von dem Kostenrahmen für den Grunderwerb machen.

Für Lagen, die erst im Kommen sind, ist dieses Instrument hingegen nur bedingt geeignet, da die Preise manchmal wesentlich schneller steigen als in den letzten Bodenrichtwerten ermittelt.

Die sogenannte Verkehrswertermittlung von einem Gutachter durchführen zu lassen empfiehlt sich bei relativ großen Projekten insofern, als dieser dann als unabhängige Instanz zwischen Verkäufer und Kaufinteressent (Planungsgemeinschaft) fungiert.

Doch bevor die Baugemeinschaft in spe tatsächlich als potenzieller Käufer in Aktion tritt, muss die grobe Kostenschätzung, angefertigt vom Architekt, vorliegen (vgl. Seite 53). Ergibt die Rückrechnung des Planungsprojekts (also abzüglich aller Kosten rund um den Bau) eine Summe, die dem Bodenricht- oder Verkehrswert des angepeilten Objekts entspricht, können die Kaufverhandlungen aufgenommen werden.

Ist die Planungsgemeinschaft an diesem Punkt angelangt, kann es aber auch sinnvoll sein, sich erst einmal die Kaufoption zu sichern. Das heißt, der Eigentümer erhält eine „Optionspacht", also einen monatlichen Betrag, der bei Kauf des Objektes mit dem Kaufpreis verrechnet werden kann. Die Höhe dieses Betrags ist reine Verhandlungssache, weshalb die Baugemeinschaft ihren besten Kaufmann respektive ihre beste Kauffrau losschicken sollte. Insbesondere wenn die Planungsgemeinschaft noch nicht stark genug ist und noch Zeit braucht, um weitere Mitglieder zu werben, bietet eine Kaufoption gleich zwei Vorteile: erstens Zeitgewinn und zweitens ein überzeugendes Werbeargument: ein konkretes Objekt!

Nicht nur das Bauen kostet Geld: Die Sache mit der Grunderwerbsteuer

Volker Bartelt, Rechtsanwalt und Notar

Bei der Kostenermittlung muss die Baugemeinschaft auch die Grunderwerbsteuer berücksichtigen. Sie ist fester Bestandteil der Erwerbsnebenkosten und somit ein Kostenfaktor. Doch die Baugemeinschaft braucht nicht in jeden Grunderwerbsteuer-Tatbestand zu tappen, der auf dem Weg liegt – sofern während der Entwicklungsphasen der Baugemeinschaft und im Rahmen der Entscheidungsprozesse mögliche grunderwerbsteuerliche Auswirkungen im Auge behalten werden. Denn: Grunderwerbsteuer kann nicht nur beim Erwerb des Grundstücks anfallen – das muss sein –, sondern auch in späteren Entwicklungsphasen der Baugemeinschaft – und das muss *nicht* immer sein.

WAS IST GRUNDERWERBSTEUER?

Grunderwerbsteuer ist eine sogenannte Rechtsverkehrsteuer: Besteuert wird ein Grundstücksumsatz (das Grundstück wird „bewegt") bei Verwirklichung eines im Grunderwerbsteuergesetz (GrEStG) aufgeführten Erwerbsvorganges. Mit der einmaligen Besteuerung ist das Thema dann erledigt. Die vierteljährliche Grundsteuer hingegen muss der Eigentümer als Objektsteuer auf den

Grundbesitz zahlen, solange er Inhaber des Grundbesitzes ist. Grundsteuer ist also ebenfalls ein Kostenfaktor, der mit Eigentumserwerb des Grundstücks auf die Baugemeinschaft zukommt, ist aber hier nicht unser Thema.

Wenden wir uns also wieder der Grunderwerbsteuer zu, die sich auf Grundstücke bezieht. Unter Grundstück ist dabei ebenso auch Wohnungseigentum im Sinne des Wohnungseigentumsgesetzes (WEG) zu verstehen. Darum zahlt auch der Käufer einer Eigentumswohnung Grunderwerbsteuer. Ferner kann im Zusammenhang mit der erstmaligen Anlegung von Wohnungsgrundbuchblättern (Begründung von Wohnungseigentum) Grunderwerbsteuer anfallen.

Grundstücke wechseln den Eigentümer nicht nur dadurch, dass der Eigentümer A dem Käufer B das Grundstück verkauft und das Eigentum überträgt. Zum Beispiel kann der Eigentümer A auch eine Gesellschaft bürgerlichen Rechts (GbR) sein, und die beteiligten Gesellschafter können ihre Gesellschaftsanteile verkaufen und übertragen. In dem Fall wird nicht das Grundstück „bewegt" – durch Verkauf und Eigentumsübertragung von Eigentümer A an Käufer B –, sondern die Beteiligungsverhältnisse an dem Eigentümer A ändern sich. Vom wirtschaftlichen Ergebnis her kommt der Wechsel aller Gesellschafter beim Eigentümer A einer Übertragung des Grundstücks gleich. Entsprechendes gilt, wenn nicht alle Gesellschafter wechseln, aber die Beteiligungsverhältnisse an der Gesellschaft sich wesentlich ändern. Auch derartige Vorgänge unterliegen der Grunderwerbsteuer.

WIE FUNKTIONIERT DAS GESETZ?

Das Grunderwerbsteuergesetz arbeitet mit einer Auflistung von Erwerbsvorgängen, die bei einem Grundstück vorkommen können (§ 1 GrEStG). Jede grundstücksbezogene Transaktion, die einen in der Auflistung aufgeführten Erwerbsvorgang verwirklicht, ist steuerbar – was nicht darunter fällt, eben nicht.

Beispiel: Der Vater ist Eigentümer mehrerer Grundstücke und erteilt seinem Sohn eine notarielle Grundstücksverkaufsvollmacht. Dieser Vorgang ist nicht steuerbar, weil der Vater mit der Erteilung der Vollmacht an seinen Sohn noch keine Verpflichtung eingeht, seine Grundstücke zu verkaufen. Er könnte die Vollmacht jederzeit widerrufen. Schließt der Sohn aufgrund der Vollmacht für seinen Vater einen Grundstückskaufvertrag mit einem Käufer, ist dieser Vorgang steuerbar.

Darüber hinaus enthält das Gesetz eine Reihe von Steuervergünstigungen (§§ 3 bis 7 GrEStG). Wenn deren Voraussetzungen verwirklicht sind, wird die Steuer nicht erhoben, obwohl grundsätzlich ein steuerbarer Vorgang vorliegt. Beispiel: Der Vater überträgt seine Grundstücke im Wege der vorweggenommenen Erbfolge auf den Sohn. Der Vorgang ist als grundstücksbezogener Erwerbsvorgang eigentlich steuerbar, allerdings sind Grundstücksübertragungen an Abkömmlinge wie auch an Ehegatten und Lebenspartner nach dem Gesetz grunderwerbsteuerfrei möglich.

Eine Vergünstigungsregelung (§ 7 GrEStG) ist für all jene Baugemeinschaften von Bedeutung, die als GbR ein Grundstück erwerben, mit einem Mehrfamilienhaus bebauen und das Grundstück anschließend nach Wohnungseigentumsgesetz teilen mit dem Ziel, dass die Mitglieder der Baugemeinschaft jeweils Eigentümer einer Wohnung werden. Dazu mehr ab Seite 72.

VON WAS WIRD DIE GRUNDERWERBSTEUER ERHOBEN?

Bemessungsgrundlage für die Grunderwerbsteuer ist die Gegenleistung, die für die grundstücksbezogene Transaktion vereinbart wird (§ 8 GrEStG). Bei einem Grundstückskaufvertrag wäre dies der Kaufpreis, den der Käufer an den Verkäufer zu zahlen hat. Neben dem Kaufpreis kann der Käufer aber noch andere Gegenleistungen erbringen.

Beispiel: Der Käufer kauft von dem Verkäufer eine noch nicht vermessene Teilfläche eines Grundstücks für 100.000 € und verpflichtet sich, die Kosten der Vermessung des Grundstücks in Höhe von 2.000 € zu tragen. Kosten also, die nach dem Gesetz der Verkäufer zu tragen hätte. Wenn der Käufer diese Verkäuferpflicht vertraglich übernimmt, gehören die Vermessungskosten zur Gegenleistung, und die Bemessungsgrundlage wäre 102.000 €.

Umgekehrt geht es aber auch: Wer eine Wohnung mit einer Standardeinbauküche zum Gesamtkaufpreis von 100.000 € kauft – wobei auf die Küche 5.000 € von dem Gesamtkaufpreis entfällt – zahlt Grunderwerbsteuer auf 95.000 €.

WIE HOCH IST DER STEUERSATZ?

Nach dem Gesetz beträgt der Steuersatz 3,5 Prozent auf die Gegenleistung. Davon dürfen Sie sich aber nicht täuschen lassen: Das Gesetz ist zwar ein Bundesgesetz, doch die Bundesländer sind befugt, den Steuersatz zu bestimmen. Hiervon haben einige Gebrauch gemacht. Die Spannbreite liegt derzeit zwischen 3,5 Prozent und 5 Prozent. Bei der Recherche des Steuersatzes kommt es also auf das Bundesland an, in dem das Grundstück liegt.

VON WEM HOLT SICH DAS FINANZAMT DIE GRUNDERWERBSTEUER?

Hier macht es sich das Gesetz einfach. Steuerschuldner ist jeder Beteiligte eines grundstücksbezogenen Erwerbsvorgangs. Man spricht von gesamtschuldnerischer Haftung. Bei einem Kaufvertrag wären das Verkäufer und Käufer. Allerdings vereinbaren die Vertragsparteien im Kaufvertrag regelmäßig die Kostentragungspflicht des Käufers. Wenn der Käufer die Steuer entrichtet, ist alles gut. Wenn nicht, könnte das Finanzamt auch den Verkäufer in Anspruch nehmen, denn die Vereinbarungen im Kaufvertrag binden nur die Vertragsparteien im Innenverhältnis, nicht aber das Finanzamt.

Grunderwerbsteuer in den Lebensphasen einer Baugemeinschaft

Die nachfolgenden Ausführungen können wegen der Vielzahl der möglichen Sachverhalte und Gestaltungen nur einen kursorischen Überblick geben und ersetzen keinesfalls notarielle oder anwaltliche Beratung der Baugemeinschaft im Hinblick auf ihre spezielle Situation. In erster Linie wird hier der Werdegang einer Baugemeinschaft als GbR nachgezeichnet, die das Ziel hat, jedes Mitglied der Baugemeinschaft zum Schluss zum Eigentümer einer Wohnung zu machen.

GRÜNDUNGSPHASE UND PLANUNGSPHASE

Wer sich zusammenfindet und plant, tätigt noch keinen Grundstücksumsatz. Das gilt grundsätzlich auch dann, wenn die Gründer sich zu einer Gesellschaft bürgerlichen Rechts zusammenschließen. Solange die Gesellschaft in der Planungsphase ist, führen die Aufnahme neuer Gesellschafter, die Übertragung von Gesellschaftsanteilen und das Ausscheiden von Gesellschaftern grundsätzlich nicht zu grunderwerbsteuerlichen Folgen. Dies ändert sich jedoch mit dem Grundstückserwerb.

GRUNDSTÜCKSERWERB UND BAUPHASE

Es wird der Zeitpunkt kommen, da muss die Baugemeinschaft „Farbe bekennen". Dieser Zeitpunkt ist der Abschluss des notariellen Kaufvertrages über ein Grundstück mit dem Grundstücksverkäufer. Wenn die Baugemeinschaft das Grundstück als Gesellschaft bürgerlichen Rechts erwirbt, ist die GbR Käufer, bestehend aus den Mitgliedern der Baugemeinschaft, die bis zu diesem Zeitpunkt der GbR als Gesellschafter beigetreten sind. Der Abschluss eines wirksamen Kaufvertrages über ein Grundstück löst Grunderwerbsteuer aus. Den Grunderwerbsteuerbescheid bekommt die GbR (nicht die einzelnen Gesellschafter), denn Käufer ist ja die GbR.

WAS PASSIERT BEI VERÄNDERUNGEN IN DER GBR NACH DEM GRUNDSTÜCKSERWERB?

Nach dem Abschluss des Grundstückskaufvertrages ist die GbR in der Pflicht: Sie schuldet dem Verkäufer den Kaufpreis. Umgekehrt ist der Verkäufer verpflichtet, der GbR das Grundstück zu übertragen. Jede Veränderung im Gesellschafterbestand der Käufer-GbR in dieser Phase kann grunderwerbsteuerliche Folgen auslösen!

> **TIPP:** Wenn es die Verhandlungssituation mit dem Grundstücksverkäufer hergibt, sollte mit dem Grundstückserwerb gewartet werden, bis die Baugemeinschaft vollzählig, das heißt bis die für die Bauplanung erforderliche Anzahl von Gesellschaftern der GbR beigetreten ist.

Wesentliche Veränderungen des Gesellschafterbestandes in der Käufer-GbR lösen Grunderwerbsteuer aus. Beispiel: A, B und C erwerben ein Grundstück als GbR, wobei A mit 4 Prozent an der GbR beteiligt ist, B mit 50 Prozent und C mit 46 Prozent. B überträgt nach einem Jahr seine Beteiligung an D und C seine Beteiligung nach zwei Jahren an E. Folge: In der GbR haben Anteile am Gesellschaftsvermögen in Höhe von 96 Prozent gewechselt. Eine derartige Transaktion kommt im wirtschaftlichen Ergebnis einer Übertragung des Grundstücks gleich. Es fällt Grunderwerbsteuer an, wenn bei einer GbR, die Grundstückseigentümer ist, innerhalb von fünf Jahren Anteile am Gesellschaftsvermögen geändert werden, die zu einer Änderung des Gesellschafterbestandes von mindestens 95 Prozent führt. Auch Anteilsvereinigungen in einer Hand werden besteuert.

Geringfügigere Veränderungen des Gesellschafterbestandes bleiben zwar nach diesem Grunderwerbsteuertatbestand ohne Folgen, haben jedoch in der Teilungsphase der GbR grunderwerbsteuerliche Auswirkungen.

TEILUNGSPHASE

Baugemeinschaften, die in der Rechtsform der GbR ein Grundstück erworben und das Bauvorhaben realisiert haben, wollen meistens nicht ewig GbR bleiben. Vielmehr wird regelmäßig das Ziel sein, Wohnungseigentum zu schaffen, wobei die Mitglieder der Baugemeinschaft dann jeweils Wohnungseigentümer werden. Die Baugemeinschaft wird zur Wohnungseigentümergemeinschaft.

Denkbar sind aber auch andere Konstellationen: Bei Errichtung einer Reihenhausanlage durch die Baugemeinschaft kommt beispielsweise die Realteilung des Grundstücks in Betracht. Aus einem großen Grundstück werden mehrere kleine, und jeder Baugemeinschafter wird Eigentümer eines kleinen Grundstücks.

Die rechtlichen Schritte von der GbR zur Wohnungseigentümergemeinschaft können ebenfalls Grunderwerbsteuer auslösen. Doch zunächst ein Blick auf das, was rechtlich passiert.

AUSFLUG: WEGE VON DER GBR ZUR WOHNUNGSEIGENTÜMERGEMEINSCHAFT (siehe auch ab Seite 98)

Zur erstmaligen Schaffung von Wohnungseigentum sieht das Wohnungseigentumsgesetz (WEG) zwei Wege vor: Entweder wird durch einen Teilungsvertrag Sondereigentum an Wohnungen begründet (§ 3 WEG), oder die GbR als Grundstückseigentümer gibt eine Teilungserklärung ab (§ 8 WEG), deren grundbuchlicher Vollzug gleichfalls zu Sondereigentum an Wohnungen führt.

Bei einem Teilungsvertrag muss die GbR erst mal zu einer Bruchteilsgemeinschaft werden, um die Miteigentumsanteile (Bruchteile) am Grundstück zu bilden, die später im Teilungsvertrag mit dem Sondereigentum an einer Wohnung verbunden werden sollen. Dies geschieht durch Eigentumsübertragung (Auflassung) des Grundstücks von der GbR auf die einzelnen Gesellschafter zu Bruchteilen.

Beispiel: Eine GbR, bestehend aus den Gesellschaftern A, B, C und D, ist im Grundbuch als Eigentümer eingetragen. A, B, C und D sind an der GbR mit jeweils 25 Prozent beteiligt. Die GbR überträgt an A, B, C und D je 25/100 Bruchteile an dem Grundstück. Nach Vollzug steht dann nicht mehr die GbR im Grundbuch, sondern A, B, C und D zu je

25/100 Anteilen. Diese sind für eine Übergangsphase „Miteigentümer in Bruchteilsgemeinschaft".

Die Bruchteilsgemeinschaft schließt dann den Teilungsvertrag. In dem Vertrag wird mit den gebildeten Bruchteilen an dem Grundstück jeweils das Sondereigentum an einer Wohnung in dem Gebäude untrennbar verbunden. Der jeweilige Bruchteilseigentümer wiederum wird dann bei grundbuchlichem Vollzug des Teilungsvertrages in das anzulegende Wohnungsgrundbuch als Wohnungseigentümer eingetragen.

Bei einer Teilungserklärung (§ 8 WEG) durch die GbR passiert bei grundbuchlichem Vollzug Ähnliches. Es werden Miteigentumsanteile an dem Grundstück gebildet und mit dem Sondereigentum an einer Wohnung verbunden. Eigentümer bleibt jedoch die GbR. Nach grundbuchlichem Vollzug der Teilung ist sie allerdings nicht mehr Grundstückseigentümer, sondern wird als Eigentümer sämtlicher neu gebildeter Wohnungen in die anzulegenden Wohnungsgrundbücher eingetragen. In einem weiteren Rechtsakt (Auflassung) überträgt die GbR als Wohnungseigentümer dann einzelne Wohnungen an einzelne Gesellschafter zu Eigentum, wie es unter den Baugemeinschaftlern zuvor vereinbart worden ist.

GRUNDERWERBSTEUER BEI TEILUNG NACH WOHNUNGSEIGENTUMSGESETZ

Bei einer Teilung nach WEG und Erwerb von Wohnungseigentum durch einzelne Mitglieder der Baugemeinschaft wird keine Grunderwerbsteuer erhoben, wenn die Beteiligung am Ende derjenigen vom Anfang entspricht (bei einem Mehrerwerb würde anteilig Steuer anfallen). Beispiel: Die bereits oben vorgestellte GbR, bestehend aus den Gesellschaftern A, B, C und D, hatte zuvor das Grundstück in gleicher Konstellation erworben. Die Beteiligungsverhältnisse an der GbR (jeweils 25 Prozent) haben sich nach Grundstückserwerb nicht verändert.

Nach Vollzug des Teilungsvertrages hat jeder Gesellschafter einen Miteigentumsanteil von 25/100 an dem Grundstück erworben, verbunden mit dem Sondereigentum an einer von vier Wohnungen in dem errichteten Gebäude. Bei dieser Konstellation wird bei Erwerb des Wohnungseigentums nicht erneut zur Kasse gebeten. Das Gesetz enthält also eine Steuervergünstigung, sofern sich nur die Rechtsnatur der Berechtigung an einem Grundstück ändert (vorher Gesellschafter einer Grundstücks-GbR, nachher Wohnungseigentümer), nicht aber der Umfang der Berechtigung. Bei einer Teilungserklärung durch die GbR müssen allerdings Teilung und Auflassung aufgrund planmäßiger Durchführung in engem zeitlichem wie sachlichem Zusammenhang erfolgen, sonst gibt es keine Steuervergünstigung.

Achtung: Die steuerliche Vergünstigung gilt auch nur, wenn die Beteiligungsverhältnisse seit Erwerb des Grundstücks unverändert geblieben sind. Mitglieder der Baugemeinschaft, die erst nach dem Erwerb des Grundstücks der GbR beigetreten sind oder Anteile erworben haben, unterliegen nicht der Vergünstigung und zahlen Grunderwerbsteuer. Den Steuerbescheid erhält der jeweilige Gesellschafter.

Bemessungsgrundlage ist dabei mindestens der anteilige Grundstückskaufpreis bezogen auf den erworbenen Miteigentumsanteil an dem Grundstück. Je nachdem, wann der Gesellschafter der GbR beigetreten ist, kann die Bemessungsgrundlage aber auch anteilige Baukosten umfassen, also höher ausfallen. Hier kommt es im Einzelfall darauf an, ob zum Zeitpunkt seines Beitritts schon wesentliche Entscheidungen über das Ob und Wie des Bauens und die Leistungsvergaben gefällt waren und ob der Gesellschafter mit Beitritt entsprechende Verpflichtungen übernommen hat oder nicht. Je weniger der Beitretende noch entscheiden oder mitentscheiden kann respektive muss, desto mehr muss mit einer Einbeziehung der anteiligen Baukosten in die Bemessungsgrundlage gerechnet werden.

Fazit

Nicht nur der Grundstückserwerb kostet Grunderwerbsteuer. Auch Veränderungen der Beteiligungsverhältnisse der Käufer-GbR nach dem Erwerb des Grundstücks haben mitunter grunderwerbsteuerliche Auswirkungen. Sind sie aufgrund der praktischen Gegebenheiten nicht vermeidbar, sollten sie unbedingt in die Kalkulation einbezogen werden.

(Hier endet der Gastbeitrag von Volker Bartelt.)

Die Architektur für eine Baugemeinschaft

Über schöne Architektur lässt sich trefflich streiten. Ein Blick in die Zeitschriftenregale spricht für sich: Ob Landhausstil, Schöner Wohnen, Kisten der klassischen Moderne oder begrünte Ökobauten – was auch immer das Bauherrenherz begehrt. Die Frage nach der geeigneten Ausdrucksform können wir an dieser Stelle getrost den zukünftigen Baugemeinschaften überlassen, denn sie ist stets eine persönliche und nur im Dialog zwischen Bauherren und Architekt zu beantworten.

Was allerdings für den Architekten zu lösen gilt, ist die Planungsaufgabe für eine Gemeinschaft, die sich als Gruppe versteht, sich aber aus Einzelpersonen mit verschiedenen Bedürfnissen zusammensetzt. Klingt wie die Quadratur des Kreises? Wer von der Oberfläche des Gebäudestils aus etwas tiefer geht, trifft zunächst auf dessen Typologie und schließlich auf seine Struktur.

Die Typologie beschreibt die spezifische Organisation des Hauses, zum Beispiel Reihenhaus (neudeutsch: Townhouse), freistehendes Mehrfamilienhaus, mehrgeschossiges Haus mit Laubengangerschließung, Zweispänner (ein Treppenhaus führt jeweils zu zwei Wohnungen je Geschoss) oder Dreispänner sowie diverse Mischformen. Die Typologie des Hauses hat stets Auswirkungen auf das Zusammenleben seiner Bewohner.

Eine Reihenhaussiedlung bedingt beispielsweise eine stärkere Abgrenzung zwischen den Nachbarn als ein Mehrfamilienhaus mit breiter Laubengangerschließung.

Somit lautet eine grundlegende Frage bereits im Planungsprozess: „Wie stellen wir uns unser späteres Zusammenleben vor?" Ist die Antwort gefunden, tritt die Frage nach Art und Aufteilung der einzelnen Wohnungen in den Vordergrund: Willkommen bei der Struktur eines Gebäudes!

> „Stil interessiert mich nicht, es ist immer die konkrete Aufgabe, die zählt."
> (Eero Saarinen, Architekt, 1910-1961)

Jede Wohnung sollte eine ausreichend dimensionierte Wand zwischen sich und dem Nachbarn haben. Darüber hinaus benötigt sie allerlei an Technik (Wasserzuleitungen, Abwasserleitungen, Strom, Heizung etc.), die auf irgendwelchen Wegen an den gewünschten Ort geführt werden muss. Technik wird aber niemals in die Wohnungstrennwand gelegt!

Die Struktur eines Gebäudes ist folglich durch die tragenden Elemente (Stützen, Träger, Wände) und die Schächte für die Haustechnik definiert. Dass es unwirtschaftlich ist, jedes noch so kleine Gäste-WC mit einer Extraleitung zu versorgen, versteht sich von selbst.

Was aber muss die Struktur eines Baugemeinschaftshauses leisten? Sie sollte unter wirtschaftlichen Gesichtspunkten ein tragendes und technisches Gerüst darstellen, das aber noch offen ist für die individuellen Wünsche der späteren Bewohner.

Zuerst wird über die Konstruktionsart entschieden: Soll das Haus als Mauerwerksbau, Stahlbetonbau oder Holzkonstruktion ausgeführt werden? Darauf aufbauend können die erforderlichen tragenden Elemente festgelegt werden. Um später die meiste Freiheit bezüglich der Innenräume sicherzustellen, gilt wieder der Grundsatz: So wenig wie möglich, aber so viel wie nötig.

> **ARCHITEKTENTIPP 1:**
> Ist der Architekt in Fragen der Konstruktion, Lastabtragung und Spannweiten nicht sicher, muss ein Tragwerksplaner oder Statiker einbezogen werden.

Im Hinblick auf die technische Erschließung der Wohnungen muss nun eine festgelegte Anzahl von Schächten an geeigneten Stellen eingeplant werden. Die Lage der Schächte bestimmt im weiteren Planungsverlauf, in welchen Bereichen Bäder und Küchen gelegt werden können.

> **ARCHITEKTENTIPP 2:**
> Erst an die Planung der Einzelwohnung gehen, wenn Typologie und Struktur geklärt sind. Denn ein Wunschbad an falscher Stelle ist dem Bauherrn im Nachhinein kaum noch auszureden.

Stichwort Typisierung

So, wie sich Baugemeinschaften in der Regel aus Menschen zusammensetzen, die sowohl Teamgeist als auch Sinn für persönlichen Ausdruck mitbringen, genauso muss die Architektur für eine Baugemeinschaft ausbalancieren zwischen den Vorteilen der Typisierung (Vereinheitlichung von Bauelementen) und individuellen Bauherrenwünschen. Der Begriff Typisierung wird oft mit „langweilig" und „nullachtfünfzehn" assoziiert. Was also bedeutet Typisierung im Zusammenhang mit Baugemeinschaftsarchitektur?

Hierzu drei Beispiele:

Fenster: Die Baugemeinschaft einigt sich darauf, nur Holzfenster mit der gleichen Oberflächenbehandlung, in der gleichen Farbe und mit den gleichen Griffen zu bestellen sowie auf Rollläden zu verzichten.

Innentüren: Hier können die Bauherren wählen zwischen zwei von dem Architekten vorgegebenen Arten. Alle Innentüren werden als weiß lackierte Röhrenspan-Türen mit Umfassungszarge und dem Türdrücker XY ausgeführt, wobei die Türen entweder gefalzt (ca. 220 €) oder stumpf einschlagend (ca. 380 €) sind. Zusätzliche Option: Türen mit oder ohne absenkbare Bodendichtung (zusätzlicher Schallschutz = Mehrkosten).

Fliesen im Bad: Hier stehen den Bauherren fünf verschiedene Sorten zur Auswahl.

Diese drei Beispiele – Fenster, Innentüren, Fliesen – machen deutlich, dass der Grad der Typisierung durchaus variieren kann. Grundsätzlich gilt allerdings, dass keine Baugemeinschaft ohne Typisierung bei der Architektur auskommt, sofern sie den Kostenvorteil einer Baugemeinschaft nicht mit einem Übermaß an Extrawürsten wieder „auffressen" will.

DIE VORTEILE DER TYPISIERUNG AUF EINEN BLICK

Kostenersparnis

Je größer die Bestellmenge, desto niedriger der Einzelstückpreis. Beispiel: Werden für ein Gebäude mit insgesamt 300 Fenstern nicht nur fünf, sondern 48 verschiedene Fensterformate bestellt, muss die Maschine in der Produktion 43-mal öfter umgestellt werden – und das kostet! Da zudem der Aufwand für die einzelnen Baufirmen sinkt, wenn es bestimmte Standardisierungen in der Ausführung gibt, vergrößert sich der Spielraum bei den Preisverhandlungen.

Handelt es sich bei dem Baugemeinschaftsprojekt um mehrere Häuser, so empfiehlt sich, diese zu typisieren: Aufgrund des Wiederholungsfaktors sind die Kosten für die Planung (Architekt/Statiker) niedriger. Die entsprechenden Minderungssätze finden sich in §11 HOAI.

Weniger Verwaltungsaufwand

Wenn der Architekt bestimmte Elemente seiner Ausführungsplanung typisiert, sprich, keinen „Sack Flöhe hüten" muss, hat er den Kopf frei für die relevanten Details und muss weniger Arbeitszeit aufwenden, um den Überblick zu behalten. Letzteres trifft genauso für den Projektsteuerer zu. Insofern senkt auch der geringere Verwaltungsaufwand durch mehr Typisierung die Kosten für Architekt und Projektsteuerer.

Minimierung von Ausführungsfehlern

Je seltener die Firmen Sonderwünsche erfüllen müssen, desto besser können sie sich

Projekt: Baugemeinschaft AB			Wohnungsbuch

Wohnung: AA

Gewerk	Ort	Bezeichnung	Art
Bodenbeläge:		Parkett	Masivdiele Eiche
		Belag 2	
Wohnungstür:	Farbe aussen DG		plain colours nr. 0600-60 button
	2.OG		plain colours nr. 0424-60 ceylon
			1,01 x 2,135 (2 Türen)
Innentüren:		Türblatt	stumpf einschlagend
		Zarge	stumpf einschlagend
		Beschlag	Hoppe Amsterdam - Edelstahl matt
		Schiebetür	2x wo - bi (1,10/max.höhe 2,48); 1x bi - an (,885/2,135)
Fliesen:	Bad 1	Boden	60x30 anthrazit
		Wand	60x30 weiss
	Bad 1	Boden	
		Wand	
		Fugenfarbe	mitelgrau
Oberflächenqualität Wand		Q2	
Farbe Wand	alle	weiss	
Putz (Besonderheiten)			
Trockenbau		OSB verstärkt	1. Lage im Küchenbereich (Oberschränke)
(nur Besonderheiten)			Küchenregal aus OSB in Abstimmung mit Trockenbau
Elektrik		Schalterserie	S1 matt
Elektrik Whg-Trennung			nein
			Elt-unterverteiler und Medienverteiler in Flur 1
HLS - Objekte		Waschbecken	siehe Angebot Fa. HH
		Waschbeckenarmatur	
		Badewanne	
		BW-Armatur	
		Dusche	
		Dusch-Armatur	
		WC	
			Revisionsöffnung für Warm- und Kaltwasser in Bad 2
			Trinkwasseranschluß für Terrasse
HLS - Heizkörper			Heizkreisverteiler in Flur 1
			HHK Bad. 1 oberhalb der Türklinke
HLS Whg-Trennung			nein
Sonstiges			Halterung Sonnenständer Dachterrasse

auf die jeweilige Ausführungsart einstellen. Muss ein Fliesenleger beispielsweise fünfzehn Bäder und fünfzehn Gäste-WCs mit dreißig verschiedenen Fliesensorten innerhalb von zwei Wochen fertigstellen, kann es schnell zu Hektik und Verwechslungen kommen.

Entlastung der Bauherren dank weniger Einzelentscheidungen

Wer schon einmal ein größeres Fest organisieren musste, weiß, wie viele Entscheidungen von den ersten Überlegungen bis zum Tag X zu treffen sind. Das ist beim Bauen im Prozess in potenziertem Maße der Fall. Wird nun aufgrund der Typisierung die eine oder andere Entscheidung etwas erleichtert, weil nicht zwanzig, sondern nur fünf Möglichkeiten zur Wahl stehen, spart das wertvolle Zeit und Energie.

Aber egal wie weit eine Typisierung auch gehen mag, es wird für jede Wohnung eine bestimmte Anzahl von persönlichen Entscheidungen geben. Bei einem Projekt mit 20 Wohnungen können da die Beteiligten schon einmal den Überblick verlieren. Einem möglichen Chaos bei diesen besonderen Entscheidungen kann man mit einem Wohnungsbuch vorbeugen. In ihm gibt es für jede Wohnung ein Übersichtsblatt, in dem für jedes Gewerk die abgestimmten Wünsche der Baudamen und Bauherren erfasst sind.

Während der Bauphase liegen die Nerven erfahrungsgemäß immer mal wieder blank, mal bei dem einen, mal bei der anderen, und individuelle Vorstellungen kollidieren dann bisweilen mit der gemeinschaftlichen Entscheidung für oder gegen das eine oder das andere. Darum sollten sich alle Projektbeteiligten vorab auf einen für alle gangbaren Weg einigen und – ganz wichtig! – die Typisierungsabsicht in den Maßnahmenkatalog aufnehmen.

Stichwort Wohnungsplanung

Ist die grundlegende Struktur des Gebäudes geklärt und entschieden, welche Baugemeinschaftspartei welche Fläche oder Wohnung innerhalb des Hauses hat (Wohnungsverteilung), können die Entwürfe für die einzelnen Wohnungen konkretisiert werden. Bauherren und Architekt setzen sich nun in Einzelterminen zusammen, um alle Vorstellungen und Wünsche klar zu definieren und dann bestmöglich in den Entwurf einzuarbeiten.

Da die Planung der eigenen Wohnung eine ebenso zentrale wie emotionale Phase ist, besteht hier entsprechend viel Beratungs- und Gesprächsbedarf. Alle Beteiligten sollten deshalb unbedingt ausreichend Zeit dafür einplanen. Zumal sich später nur unter viel Stress korrigieren lässt, was jetzt versäumt wird.

Für den Architekten verringert sich zudem der benötigte Aufwand im Hinblick auf Bauantrag und Ausführungsplanung, wenn er bei der Entwurfsplanung nicht mit Zeit, Grips und Geduld geizen muss. Dazu gehört auch, immer schon die Technik (Leitungsführung!) mitzudenken und dem Bauherrn die Konsequenzen zu vermitteln.

Ein Paradebeispiel sind die beliebten bodengleichen Duschen: Um das Wasser von dem Duscheinlauf bis zu dem entsprechenden Fallrohr im Schacht leiten zu können, stehen nur wenige Zentimeter im Bodenaufbau zur Verfügung. Ist die Wunschposition der Dusche zu weit von dem Schacht entfernt, muss die Dusche höhergelegt werden, damit das Abwasserrohr über der Rohdecke bis zum Schacht verlegt werden kann. Und damit es dann nicht sichtbar bleibt, wird es mit einem sichtbaren Sockel entlang der Wand verkleidet – nicht gerade praktisch!

DIE DREI STUFEN DER WOHNUNGSPLANUNG:
(Dauer: 2-3 Monate)

Stufe 1: In dem Vorgespräch zwischen Bauherr und Architekt geht es darum, die Bedürfnisse und Vorstellungen zu klären. Erste Handskizzen entstehen.

Stufe 2: Der Architekt verfeinert die Handskizzen, so dass Vor- und Nachteile sichtbar werden. Der Bauherr, meist das „Bauherrenpaar", bekommt die Zeichnung per E-Mail zugeschickt oder kann sie im internen Bereich der Homepage einsehen, um sich auf den nächsten Gesprächstermin vorbereiten zu können. Wer meint, es ginge auch ohne Vorbereitung, sitzt irgendwann am Tisch des Architekten und muss erst einmal mit dem Partner / der Partnerin klären, wohin die gemeinsame Reise gehen soll. Dadurch verpufft kostbare Zeit für den konkreten Entwurf.

Stufe 3: Entwurfsplanung. Stolpersteine auf dem eingeschlagenen Weg werden Schritt für Schritt ausgeräumt, bis der Entwurf steht. Man kann hier durchaus erwarten, dass der Architekt eine Entwurfsidee so lange bearbeitet, bis sie passt.

Nicht praktikabel hingegen sind zu viele verschiedene Entwürfe. Die Anzahl der Wohnungsentwürfe je Einheit sollte im Architektenvertrag geregelt sein. Kann sich der Baugemeinschaftler nicht entscheiden und kommt immer wieder auf neue Ideen, muss sich das finanziell niederschlagen. Dieser Rahmen ist notwendig, um den Prozess nicht bis zum Sanktnimmerleinstag zu verlängern.

Der Bauantrag zum Beispiel kann erst gestellt werden, wenn alle Entwürfe fertig sind. Denn: Was im Entwurf steht, wird gebaut! Deshalb sollte am Ende auch jeder Entwurf unbedingt von der Baudame oder dem Bauherrn unterschrieben werden – zumal während des Bauens allzu schnell vergessen wird, was einmal gemeinsam entwickelt und entschieden wurde. Die Unterschrift ist für die Bauherren eher von psychologischer Bedeutung, für den Architekten aber eine sinnvolle Absicherung. Sie besiegelt gewissermaßen den Abschluss einer wichtigen Planungsphase.

Wenn jeder an der Wohnungsplanung Beteiligte ein, zwei Dinge beherzigt, kann diese Phase für beide Seiten, für die Bauherren ebenso wie für den Architekten, eine spannende Bereicherung sein.

TIPP FÜR DEN ARCHITEKTEN:
Zu früh festgezurrte Grundrisse blockieren den Entwurfsprozess!
Sei hellhörig genug, um auf seine/ihre Bedürfnisse planerisch einzugehen: Um was geht es ihr/ihm wirklich?

TIPP FÜR DIE BAUHERREN:
Nutzt die Chance, in dem Architekten einen qualifizierten persönlichen Berater zu haben!

Beide Seiten haben jedenfalls alles richtig gemacht, wenn jede Baugemeinschaftspartei nach den ersten Wochen im neuen Domizil denkt: „Meine Wohnung ist die schönste!"

Bauantrag & Co.

Lange vor dem architektonischen Entwurf müssen die planungsrechtlichen Eckdaten vorliegen (vgl. Seite 12). Das heißt, die Frage, ob das Objekt überhaupt bauantragsfähig ist, muss mit „Ja" beantwortet worden sein. Der Bauantrag selbst ist schließlich der formale Rahmen, in den der Architekt seinen Entwurf setzt, um ihn dann beim Bau(aufsichts)amt einzureichen.

Obligatorische Bestandteile des Bauantrags:
- Bauantragsformular
- Bauantragspläne
  (Grundrisse, Ansichten, Schnitte)
- Baubeschreibung
- amtlicher Lageplan
  (von einem Vermesser)
- Bauantragsstatik
- Brandschutzkonzept
- statistischer Erhebungsbogen

Ist der Bauantrag beim Bauamt eingereicht, werden dort die jeweils relevanten Inhalte auf Übereinstimmung mit dem gültigen Bau- und Planungsrecht sowie auf technische Richtigkeit hin überprüft.

Meist sind daran mehrere Abteilungen beteiligt: Das Stadtplanungsamt wird gefragt, ob das Bauvorhaben mit den aktuellen Bebauungsplänen übereinstimmt, ein Sachbearbeiter oder auch externer Prüfer für Brandschutz untersucht die Schlüssigkeit des Brandschutzkonzepts usw. Bis sämtliche Stellungnahmen der beteiligten Ämter und Institutionen vorliegen und die Baugenehmigung im Briefkasten der Baugemeinschaft landet, vergehen in der Regel drei bis vier Monate.

Diese Baugenehmigung ist das rechtliche Fundament des Bauvorhabens, also die Erlaubnis, so zu bauen wie geplant. Ohne Baugenehmigung sollte man daher nicht anfangen zu bauen. Wer es trotzdem tut, weil er sich auf der sicheren Seite wähnt und den Vorabsprachen mit dem Bauamt vertraut, begibt sich auf dünnes Eis und riskiert, bereits gebaute Teile ändern oder sogar abreißen zu müssen.

Die Monate zwischen Abgabe des Bauantrags und Eingang der Baugenehmigung sind keine Zeit zum Däumchendrehen: Denn inzwischen können viele bauvorbereitenden Maßnahmen wie Rodungen und Abriss durchgeführt werden. Auch die Ausführungsplanung für den Rohbau sollte jetzt vorangetrieben werden. Das heißt, der Architekt oder Statiker fertigt jene Pläne an, nach denen die Ausschreibung für Baugrube, Fundamente und der Hauptkonstruktion erfolgt und nach denen sich die Baufirma richten wird (siehe dazu auch Seite 84).

Liegt die Baugenehmigung schließlich vor, ist das ein guter Anlass, um bei der nächsten Baugemeinschaftssitzung auf diesen Meilenstein anzustoßen – bevor es mit den Formalitäten weitergeht:

1. Der Architekt muss bei der Bauaufsicht die Abgeschlossenheitsbescheinigung beantragen. Diese beruht auf Plänen, den sogenannten Aufteilungsplänen, in denen alle Wohnungsgrenzen eindeutig festgelegt sind. Nun weiß jeder Baugemeinschafter, wo sein/ihr Eigentum, inklusive Garten, anfängt und aufhört.

2. Inhaltlich sind die Pläne der Abgeschlossenheitsbescheinigung die Grundlage für den Teilungsvertrag. Zwar kann der Teilungsvertrag auch nach Einzug geschlossen werden, doch dann ist die GbR solange Eigentümerin aller Wohnungen. Denn erst der notariell beglaubigte Teilungsvertrag samt den Teilungsplänen fixiert, wem welche Wohnung gehört.

Mit der Abgeschlossenheitsbescheinigung und dem unterzeichneten Teilungsvertrag in der Tasche kann jeder Bauherr seine Eigentumsrechte an der Wohnung über den Notar beim Amtsgericht eintragen lassen. Das ist der berühmte und gelegentlich auch nachzuweisende Grundbucheintrag, zum Beispiel um das Eigentum beleihen zu können.

Bis die einzelnen Grundbuchblätter angelegt sind, besteht eine gemeinschaftliche Haftung der GbR-Mitglieder für die aufgenommenen Kredite. Viele Banken lehnen aufgrund dieser Konstruktion die Zusammenarbeit mit Baugemeinschaften ab (siehe dazu auch den Beitrag von Anne Wulf „Einzelfinanzierung vs. Gruppenfinanzierung", Seite 44).

Mit dem Anlegen der Grundbuchblätter wird jedes Baugemeinschaftsmitglied aus der gemeinschaftlichen Haftung für die Kredite der anderen Mitglieder entlassen. Achtung: Diese sogenannte Pfandhaftentlassungserklärung ist gebührenpflichtig! Die Höhe der Gebühren hängt unter anderem von der Größe der Baugemeinschaft ab. Bis zu 1.000 € je Wohnung sind möglich. Zu klären bleibt, ob diese Kosten von der Gemeinschaft oder von jedem Einzelnen zu tragen sind.

Je nach Ausgestaltung des Teilungsvertrages durch den Notar kann der Teilungsprozess auch etwas anders verlaufen (vgl. Teilungsphase, Seite 72).

3. Der Prozess von der Baugenehmigung über den Teilungsvertrag bis zum Grundbucheintrag kann sich lange hinziehen. Er sollte deshalb frühzeitig von dem Projektsteuerer in die Wege geleitet und dann kontinuierlich im Auge behalten werden.

Jetzt wird's ernst: Die Bauphase

Wer bauen will, muss zunächst einige „Vorbereitungen" treffen, und zwar in Form der sogenannten Ausführungsplanung. Das sind, einfach ausgedrückt, sehr exakte Pläne, in denen alles eingezeichnet, bemaßt und vermerkt ist, was verbindlich gebaut werden soll. Hier ist jede Wand, jede Türöffnung, jeder Bodenbelag, jeder Lichtschalter eingetragen und hinsichtlich seiner Position festgelegt.

Normalerweise ist die Ausführungsplanung erst vollständig, wenn zu jedem wichtigen Punkt der Gebäudekonstruktion ein Detailplan angefertigt wurde. An der Traufe (unteres Dachende) ist beispielsweise dargestellt, welche Abdichtungsbahn auf welchem Blech liegt, ob es einen Dachkasten gibt, eine Hinterlüftungsebene, wie diese vor eindringenden Insekten geschützt werden kann usw.

Überspitzt ausgedrückt: Man müsste der ausführenden Baufirma nur die Ausführungspläne mit den entsprechenden Detailplänen in die Hand drücken können, und sie wäre damit in der Lage, alles bis zum letzten Pinselstrich umzusetzen.

Als Grundlage für die Ausschreibung erfüllt die Ausführungsplanung noch einen weiteren Zweck. Denn erst wenn klar ist, wie das Ergebnis aussehen soll, und dies nach technischer Klärung zeichnerisch umgesetzt wurde, lässt sich genau beschreiben, welche Leistung in welcher Qualität und Menge benötigt wird.

Generalunternehmer oder mehrere Fachfirmen?

Bevor der Architekt in Sachen Ausschreibung aktiv werden kann, muss eine Grundsatzfrage beantwortet sein: Wer soll die Bauausführung übernehmen – ein Generalunternehmer oder mehrere Fachfirmen? Die Antwort entscheidet am Ende auch darüber, ob das viel zitierte „Bauen im Prozess" möglich ist oder nicht.

Hinter dem Generalunternehmer verbirgt sich eine Baufirma, die sämtliche Bauleistungen, die für die komplette Fertigstellung des Gebäudes notwendig sind, anbietet und ausführt bzw. in deren Auftrag ausführen lässt. Vom Ausheben der Baugrube über das Herstellen der Wände bis zum Anschluss der Wasserhähne.

Leistungen, die von der Baufirma nicht selbst ausgeführt werden können, weil sie kein entsprechendes Fachpersonal beschäftigt, holt sie sich von sogenannten Subunternehmen mit eigenen Handwerkern. Die Baugemeinschafts-GbR hat in diesem Fall also nur einen Bauvertrag, und zwar mit dem Generalunternehmer, der seinerseits Verträge mit seinen

„Subbern" abschließt. Entscheidet sich die Baugemeinschaft gegen einen Generalunternehmer, so muss sie mit jeder notwendigen Firma einen eigenen Vertrag abschließen.

Die Konsequenzen im Einzelnen:

Bauausführung aus einer Hand
Wer die Bauausführung in die Hände einer Baufirma legen möchte, ist gut beraten, die gesamte Planung bei Vertragsunterschrift abgeschlossen zu haben. Rohbaupläne, Ausbaupläne, Detailpläne sollten also bereits vollständig vorliegen, um in Sachen Kosten und Ausführung auf der sicheren Seite zu sein. Für die Baugemeinschaft heißt das: Alle Entscheidungen – vom Bodenbelag bis zum Auslass für die Esstischlampe – müssen getroffen sein.

Eine derartige Woge an Entscheidungen zu bewältigen, bevor überhaupt ein Bagger gesichtet wurde, kann für manch einen sehr anstrengend und für die Baugemeinschaft belastend sein. Hinzu kommt, dass sich aufgrund des deutlich längeren Planungsvorlaufs das gesamte Projekt verlängert – und Verzögerungen vor Baubeginn und beim Bau verursachen bekanntlich Zwischenfinanzierungskosten (siehe Seite 44).

Apropos Kosten: Ist ein Generalunternehmer erst einmal beauftragt, ist in der Regel eine Kostenexplosion nicht mehr zu befürchten und die Kostensicherheit ziemlich hoch.

Die dunkle Kehrseite dieser Kostenmedaille hat aber gleich zwei Schichten: Erstens lässt sich der Generalunternehmer Risiko und Koordinierungsaufwand per Zuschlag bezahlen, wodurch das Bauen teurer wird. Zweitens kann jede Ungenauigkeit in Planung und Ausschreibung mit einem unangenehmen Nachtragsmanagement des Generalunternehmers einhergehen.

Nachträgliche Änderungswünsche? Vielleicht doch lieber die sandfarbene Fliese? Fehlanzeige. Hier ist man dem Generalunternehmer ausgeliefert, denn die Leistung ist längst vergeben, so dass er bei jeder Änderung die Hand am Preisruder hat. Daraus resultierende Auseinandersetzungen zwischen Baugemeinschaft beziehungsweise Architekt/Projektsteuerer und Generalunternehmer wirken sich stets negativ auf den Bauprozess aus.

Mit einem Generalunternehmer zusammenzuarbeiten hat aber auch Vorteile: Sind Planung und Ausschreibung abgeschlossen und so gut wie perfekt, können die einzelnen Baugemeinschaftler gespannt, aber ziemlich entspannt den Baufortschritt beobachten. Nicht zuletzt weil der Generalunternehmer schon aus eigenem Interesse, immerhin trägt er ja das Gesamtrisiko für die bauliche Ausführung, vermutlich auf eine sachgemäße Umsetzung achten wird.

Auftragsvergabe an mehrere Fachfirmen
Diesen Weg zu gehen bedeutet in der Regel „Bauen im Prozess": Der Rohbau kann begonnen werden, obwohl viele Ausführungsdetails noch offen sind. Die notwendigen Entscheidungen trifft die Baugemeinschaft nach und nach, stets jeweils fristgerecht im Fluss mit dem Bauprozess. Dass Entscheiden und Bauen gewissermaßen wie ein Staffellauf funktionieren, spart Zeit und Geld!

Zudem hat man ein praktisches Kostenkontrollinstrument in der Hand, wenn die Vergabe gewerkeweise erfolgt: Werden die Kosten bei einem Gewerk plötzlich höher als gedacht, zum Beispiel kann der Preis für Stahl innerhalb von wenigen Monaten empfindlich steigen, hat die Baugemeinschaft die Möglichkeit entgegenzusteuern, indem bei dem einen oder anderen Detail eingespart wird. Kunststofffenster beispielsweise sind um einiges preiswerter als Holzfenster; aber auch der Bodenbelag bietet oft noch Einsparpotenzial – auch ohne deshalb auf Parkett oder Diele verzichten zu müssen.

Die gewerkeweise Vergabe ist allerdings mit erheblich höherem Koordinierungsaufwand in Bezug auf Termine und Fristen verbunden. Da genügt schon ein Blick auf den Bauablaufplan. Doch allem Mehraufwand während der Bauphase zum Trotz: Aus unserer Sicht überwiegen die Vorteile der „Gewerkeweise"-Variante:

- Kostenersparnis für die Baugemeinschaft
- mehr Einfluss auf die Ausführungsqualität
- die Freiheit, mit kleineren lokalen Firmen zusammenzuarbeiten
- Der Auftraggeber kann von dem Know-how der einzelnen Fachfirmen profitieren, zumal sich deren Interesse an einer langfristigen Zusammenarbeit in der Regel positiv auf persönlichen Einsatz und Qualität auswirkt.
- größere Nähe der einzelnen Firmen und Handwerker zum Projekt
- mehr Sicherheit, dass die ausführenden Handwerker adäquat bezahlt werden (vs. „Subsubber")

TIPP:
Egal, ob Generalunternehmer oder einzelne Fachfirmen: Es empfiehlt sich, die Referenzen zu überprüfen, indem der Architekt oder der Projektsteuerer mit ehemaligen Auftraggebern spricht.

Billig ist nicht immer günstig: die Ausschreibung

Unter einer Ausschreibung ist die komplette Auflistung aller benötigten Einzelleistungen sowie deren Qualitäten und Mengen für das gesamte Bauwerk zu verstehen, und zwar in schriftlicher Form. Darüber hinaus umfasst sie die gewünschten vertraglichen Rahmenbedingungen wie Baubeginn, Bauende und Skonto.

Da die Ausschreibung nach Einzelgewerken untergliedert ist, liegt schließlich für jede inhaltlich zusammenhängende Teilaufgabe wie Fliesenlegerarbeiten und Malerarbeiten ein Dokument vor. Dieses wird nun entsprechenden Fachfirmen übermittelt, damit sie anhand dessen ein Angebot unterbreiten können.

Da eine Baugemeinschaft ein privater Auftraggeber ist, kann eine „beschränkte Ausschreibung" selbst vorgenommen werden. Das heißt, der Auftraggeber kann selbst entscheiden, von wie vielen und welchen Firmen ein Angebot eingeholt werden soll. Außerdem besteht die Möglichkeit, nicht das preiswerteste Angebot anzunehmen, sondern die Firma seines Vertrauens zu beauftragen – auch wenn sie die teuerste sein sollte. Das hat den Vorteil, dass man sich von Anfang an nur an jene Firmen wendet, mit denen man selbst schon gute Erfahrungen gemacht hat oder die einem von befreundeten Architekten empfohlen wurden.

Wer einen ebenso guten wie realistischen Preis im Marktvergleich erhalten möchte, sollte mindestens drei Angebote bis zum Zeitpunkt der Abgabe vorliegen haben. Dazu ist es erfahrungsgemäß notwendig, frühzeitig sechs oder mehr Firmen anzufragen. Sind schließlich ausreichend viele Angebote eingegangen, werden diese in einer übersichtlichen Liste dargestellt – meist aus dem „Programm zur Ausschreibung und Vergabe", kurz AVA genannt –, um sie auf einen Blick vergleichen zu können.

Nun gilt es, den daraus ablesbaren Bieterspiegel zu interpretieren: Ist das kostengünstigste Angebot wirklich das günstigste? Spätestens jetzt ist es an der Zeit, rechts und links und hinter den Preis zu schauen, sprich die Firmen etwas näher unter die Lupe zu nehmen und mit den eigenen Ansprüchen zu vergleichen:
• Referenzen per Telefonanruf kontaktieren.
• Wie sieht die Firmenstruktur aus?
• Arbeitet die Firma mit Subfirmen?
• Handelt es sich um einen Ausbildungsbetrieb?
• Wie groß ist Entfernung zwischen Firmensitz und Baustelle?

- Wie verhält sich der Auftragnehmer im Hinblick auf eventuelle Nachträge?

So kann ein sehr günstiges Angebot manchmal ein Indiz für schlechte Löhne, wenige Facharbeiter oder Leistungsweitergabe an Subunternehmer sein. Schon einer dieser drei Faktoren genügt bisweilen, um die Qualität der Ausführung zu mindern. Und es gibt nun einmal diverse Punkte am Bau, die später kaum rückgängig zu machen oder zu kaschieren sind.

Manche Firmen haben sich übrigens auf Leistungslücken in der Ausschreibung „spezialisiert": Bei einem so komplexen Projektgebilde wie einem Hausbau oder einer Altbausanierung werden stets auch Leistungen nötig sein, die in dem sogenannten Leistungsverzeichnis (LV) nicht erfasst wurden. In einem solchen Fall kommt es selbstverständlich zu einem Nachtrag. Die besagten „Spezis" aber versuchen, sich diese Ausschreibungslücken vergolden zu lassen. Eine nervenaufreibende Angelegenheit. Und je stärker der aktuelle Termindruck auf der Baustelle, desto stärker der Zugzwang und damit die Tendenz zu Preiszugeständnissen.

Hat also jemand im Baugemeinschaftsteam bereits positive Erfahrungen mit der einen oder anderen Firma gemacht, kann das durchaus ein gutes Argument für die Wahl dieser Firma sein – vorausgesetzt ihr Angebot ist kein Ausreißer nach oben. Dann ist die Chance ziemlich groß, dass Zusammenarbeit und Ergebnis wieder stimmen werden. Die Praxis zeigt immer wieder, dass vor allem Firmen, die selbst ausbilden und ohne Subunternehmen auskommen, mit engagierten, mitdenkenden Handwerkern punkten. Und es macht nun einmal viel mehr Spaß, mit Leuten zusammenzuarbeiten, auf deren Expertise man gegebenenfalls zurückgreifen kann, weil sie ihr Handwerk verstehen.

> Das auf den ersten Blick billigste Angebot muss am Ende nicht das günstigste sein.

BEAUFTRAGUNG DER FIRMEN

Sinn der Ausschreibung ist es natürlich, geeignete Firmen zu finden, damit das Geplante auch wirklich gebaut wird. Hierzu bedarf es eines sogenannten Bauvertrages, den Auftraggeber (die Baugemeinschaft bzw. deren Geschäftsführung) und Auftragnehmer (die Firma) unterschreiben. Darin sind alle Bedingungen festgelegt, nach denen gebaut, abgerechnet und im Zweifelsfalle gestritten wird. Insofern ist seine Ausgestaltung relevant für die Zusammenarbeit mit der ausführenden Firma.

Bei diesem Regelwerk handelt es sich um ein komplexes Konstrukt, das schwerlich von einem Laien erstellt werden kann. Hier hat der Architekt Mitwirkungspflicht: Er sollte der Baugemeinschaft einen sinnvollen Vertragsentwurf zur Verfügung stellen.

Ist die Baugemeinschaft eine GbR, haftet im Prinzip jeder Einzelne für alle anderen mit. Im Falle eines Rechtsstreits könnte sich ein Kläger auch nur an eine Person der GbR wenden und diese stellvertretend für alle anderen verklagen. Daraus resultiert manchmal der Wunsch, für Bauverträge (wie auch für andere Verträge), welche die GbR abschließt, eine Klausel der quotalen Haftung aufzunehmen. In besagtem Fall kann dann jedes Baugemeinschaftsmitglied nur in der relativen Höhe seines Gesellschaftsanteils belangt werden. Eine charmante Idee, aber nicht sehr praktikabel. Ein Beispiel: Die GbR hat 20 Parteien mit einem Gesellschaftsanteil von je 5 Prozent. Streitet die Firma nun über 20.000 €, müsste sie 20 Einzelklagen über je 1.000 € einreichen. Viele erfahrene Firmen lehnen solche Klauseln verständlicherweise ab.

Jeder übliche Bauvertrag ist ein Werkvertrag, also ein Vertrag, wonach der Auftragnehmer ein bestimmtes Werk, in vorliegendem Fall also mindestens einen Teil des Bauwerks, im Sinne des Bürgerlichen Gesetzbuchs (BGB) herstellen muss. Da ein Gebäude eine sehr spezifische Art von Werk darstellt, hat der Gesetzgeber die Vergabe- und Vertragsordnung für Bauleistungen (VOB) geschaffen. Sie entspricht den gesetzlichen Grundlagen des BGB, ist aber eigens für das Bauwesen ausgelegt und umfasst nahezu jeden Aspekt des Bauens.

Die VOB ist somit ein sinnvolles Regelwerk, das die Belange von Auftraggeber und Auftragnehmer in fairer und ausgleichender Art berücksichtigt. Da es kaum sinnvoll ist, die Welt ständig neu zu erfinden, empfiehlt sich ein Bauvertrag gemäß VOB. In der Regel enthält ein Bauvertrag mindestens vier Teile:

1. den eigentlichen Bauvertrag
2. die allgemeinen Vorbemerkungen
3. die technischen Vorbemerkungen
4. das Leistungsverzeichnis

1. DER BAUVERTRAG

Kleine Checkliste:

- Auftraggeber (AG) und Auftragnehmer (AN)
- Art des Vertrags (gem. VOB)
- Vertragsbestandteile (z. B. LV, VOB/C, Bauzeitenplan)
- Ausführungsfristen (Baubeginn und Bauende)
- Regel über Vertragsstrafen oder Schadensersatz
- Gewährleistungsdauer
- Sicherheitseinbehalt
- vereinbarte Vergütung (Höhe gem. LV inkl. MwSt.)
- Zahlungsmodalitäten (Fristen und Skonto)
- Erklärung (z. B. Anerkennung von Alkoholverbot auf der Baustelle)
- Nachweise des AN (z. B. Freistellungsbescheinigung, Mitglied in der Berufsgenossenschaft, Haftpflichtversicherung)
- Gerichtsstand

2. ALLGEMEINE VORBEMERKUNGEN

Kurze Beschreibung, um was es in dem Bauvorhaben geht, wie die Zufahrt und Lagermöglichkeiten auf dem Baugrundstück sind, Umgang mit Restbaustoffen, Entsorgung von Verpackungsmaterialien etc.

3. TECHNISCHE VORBEMERKUNGEN

Erläuterung der besonderen Ausführungsqualitäten und technischen Bestimmungen für die zu erbringende Leistung.

Anmerkung: Viele Verträge präsentieren an dieser Stelle seitenlange Auflistungen von technischen Bestimmungen, DIN-Normen und sonstigen allgemeinen Vorschriften. So kommen hier manchmal mehr Seiten zustande als für den gesamten restlichen Vertrag. Aus unserer Sicht ist das nicht zielführend, weil dieser Vertragsteil dadurch unübersichtlich wird. Ist ein Bestandteil des Vertrags der oben erwähnte Teil C der VOB, sind alle gültigen technischen Bestimmungen, die keine besondere Ausführungsqualität verlangen, automatisch Teil des Vertrags. Diese Form hat sich in der Praxis bewährt.

4. DAS LEISTUNGSVERZEICHNIS (LV)

Die Auflistung aller benötigten Einzelleistungen, deren Qualitäten, Mengen und Preise.

Segen und Fluch: Die Bauherren/-damen und ihre Baustelle

Sind die Angebote eingeholt und die ersten Aufträge vergeben, kommt der lang ersehnte Moment: Die Bagger rollen, die Sägen surren, die Kellen werden geschwungen. Alles, was bislang nur in den Plänen der Fachleute und den Köpfen des Baugemeinschaftsteams existierte, bekommt nun nach und nach eine sicht- und greifbare Form.

Was liegt da näher als ein sonntäglicher Ausflug mit Kind und Kegel und Picknickkorb zur Baustelle des zukünftigen Domizils: Sollten vorgestern nicht die Gerüste aufgebaut werden? Ob der Estrich in unserer Wohnung schon trocken ist? Wie weit ist das Geländer am Balkon?

Da viele Augen viel sehen, können den Bauherren und Baudamen bisweilen kritische Details auffallen, die der Bauleitung im Alltagstrubel entgangen sind. Sei es, dass die Tür zum Bad in die falsche Richtung aufschlägt oder der Anschluss für einen Heizkörper an der falschen Stelle ist, beides Fehler, die in der Bauphase relativ problemlos zu beheben sind.

Zudem zeigt sich hier einmal mehr die besondere emotionale Verbindung der einzelnen Bauherren mit dem Projekt – und den neuen Nachbarn, wenn man beim spontanen Kaffeekränzchen zwischen Paletten und Mörteleimern sitzt und die Kinder quietschend im Matsch krabbeln. Solche „Bauen mit Spaß"-Momente sind kostbar, vor allem als Gegengewicht in stressigen Phasen.

Aber: Eine Baustelle ist weder ein romantisches Plätzchen noch ein Abenteuerspielplatz. Wo am vergangenen Sonntag noch gefahrlos gelaufen werden konnte, liegen heute plötzlich spitze Bewehrungsstähle und ein Haufen Resthölzer mit Nägeln.

Selbstverständlich ist es Aufgabe der Bauleitung, dafür zu sorgen, dass Gefahrenstellen abgesichert werden. Aber erstens kann schon eine Schraube gefährlich werden, und zweitens sind Sicherungsmaßnahmen selten auf quirlige, neugierige Kleinkinder abgestimmt. Und anders als die Arbeiter trägt die Baufamilie sicher keine Helme und trittfesten Arbeitsschuhe mit Stahlkappe.

> Das Betreten der Baustelle erfolgt auf eigene Gefahr!

Diese Maxime sollte kein geflügeltes Wort, sondern schriftlich fixiert sein. Ein geeigneter Ort dafür wäre das Protokoll einer gut besuchten Baugemeinschaftssitzung, da diese Protokolle bindenden Charakter haben. Zwar nicht gefährlich, aber kompliziert werden Baustellenausflüge, wenn Bauherren mit wenig Ahnung von Bautechnik unterwegs sind und ganz normale Bauabläufe falsch interpretieren. Besonders häufig treten solche Missverständnisse während des Innenausbaus auf, da der Baulaie jetzt leicht das Gefühl hat, ausreichend Fachkompetenz zu besitzen. Hinzu kommt die wachsende Nervosität angesichts des näher rückenden Einzugstermins. „Muss ich damit nachher leben?" Typisches Beispiel ist der erste Wandanstrich, der nie vollständig deckt und daher den Eindruck erwecken kann, der Maler habe unsauber gearbeitet.

Stauen sich Sorgen der Bauherren/-damen zwei, drei oder noch mehr Tage auf, belasten sie nicht nur die Betroffenen selbst unnötig, sondern auch die Kommunikation innerhalb der Baugemeinschaft. Da das Vertrauen in die Kompetenz der Bauleitung angekratzt ist, verschärfen sich erfahrungsgemäß Ton und Skepsis.

Dem Architekten wie dem Projektsteuerer bleibt in solchen Situationen nichts anderes übrig, als Sachverhalte, die eigentlich selbstverständlich sind, doppelt und dreifach zu erklären, um die emotionalen Wogen wieder zu glätten. Diese Erklärungen erfüllen also eine psychologische Funktion. Auch das gehört fraglos zu den Aufgaben des Architekten. Wird er an dieser Stelle jedoch übermäßig beansprucht, kostet ihn das Nerven, die dann an anderer Stelle – zum Beispiel in der sachlichen Auseinandersetzung mit den Fachfirmen – fehlen.

Zugegeben, es ist nicht ganz einfach, das richtige Maß zwischen überbordender Wachsamkeit und blindem Vertrauen zu finden. Als Bauherr sollte man ein ungutes Gefühl keinesfalls hinunterschlucken, andererseits wäre es bestimmt übertrieben, den Architekten oder Projektsteuerer jeden Montag mit einer dreiseitigen Befürchtungsmail zu begrüßen.

> In Bezug auf „Baustellenausflüge" am Wochenende ist es für alle Beteiligten von Vorteil, wenn Neugier und Aufmerksamkeit verbunden sind mit Respekt vor der Baustelle und Vertrauen zu den Fachleuten.

Ein Sonderfall liegt vor, wenn Eigenleistungen von Bauherren vorgesehen sind. Es kann durchaus vorkommen, dass die eine oder der andere die Zeit und Fertigkeiten hat, bestimmte Arbeiten selbst zu übernehmen.

Der Wunsch, an seinem neuen Domizil aktiv mitzubauen, kann sowohl finanziell als auch ideell begründet sein und sollte respektiert werden. Allerdings muss er praktikabel sein. Dabei sind zwei Dinge zu berücksichtigen: Erstens lassen sich Eigenleistungen nur in jenen Bereichen problemlos in den Bauprozess einbinden, die unabhängig von Folgegewerken sind. Relativ unproblematisch sind Wandfarbe, Bodenbelag und Gartenarbeiten.

So gut wie unmöglich hingegen ist zum Beispiel das selbständige Aufstellen von Trockenbauwänden. Die gegenseitige Abhängigkeit der einzelnen Gewerke ist einfach zu stark: Aufstellen der ersten Schale > Einbringen der elektrischen Installation > Schließen der Wände, Estricharbeiten > Trocknungszeiten, Bodenbeläge. Hier müssen die Ausführungen der Gewerke wie Zahnräder ineinandergreifen, sonst gerät der Bauablauf ins Stocken. Hinzu kommt, dass die terminliche Koordination mit fortschreitender Projektdauer immer komplexer wird, weshalb ein Eröffnen von „Nebenbaustellen" irgendwann unweigerlich ins Chaos führt.

Zweitens sollten Eigenleistungen nur im Bereich des Sondereigentums (einzige Ausnahme: Garten) umgesetzt werden, denn nur dann ist sichergestellt, dass die Haftung für eine fehlerhafte Ausführung kein anderes Baugemeinschaftsmitglied oder die Baugemeinschaft als solche betrifft. Andernfalls müsste die Baugemeinschaft rechtliche Ansprüche gegen einen Miteigentümer durchsetzen – und das ist wahrlich keine gute Grundlage für die zukünftige Nachbarschaft.

Anders sieht es aus bei Bauprojekten, die von Anfang an auf Eigenleistung, die sogenannte Muskelhypothek, ausgerichtet sind. Allerdings unterscheiden sich diese Projekte in Aufbau und Struktur erheblich von einem üblichen Baugemeinschaftsprojekt.

> **TIPP FÜR DEN SELBSTBAUER:**
> Prüfe deine Zeitressourcen und handwerklichen Fertigkeiten sehr genau: „Wie viele Stunden kann ich überhaupt neben Familie, Beruf und Baugemeinschaft aufbringen? Was kann ich wirklich selber ausführen?"

Alle Eigenleistungen sind also unbedingt eindeutig von dem Baugemeinschaftsprojekt zu entkoppeln. Das heißt, die Verantwortung für Qualität und Dauer der übernommenen Leistung liegt allein in der Hand des betreffenden Bauherrn. Dies sollte schriftlich festgehalten werden, sei es in einem Sitzungsprotokoll oder in einer von dem Selbstbauer unterschriebenen Erklärung.

Aber auch dann gilt es, gut hinzugucken; denn es kann durchaus vorkommen, dass Eigenleistungen im Sondereigentum ausgeführt werden, die erst auf den zweiten Blick negative Auswirkungen auf die Wohnungsnachbarschaft haben. Diffizil und sensibel sind alle Themen, die mit Schall oder Wasser zu tun haben. Das Unangenehme an Wasser ist, dass es oft schwer nachvollziehbare Wege zurücklegt, bevor es sich an einer völlig anderen Stelle als Schaden bemerkbar macht.

Diese Schäden sind meist nur mit erheblichem finanziellen Aufwand zu beseitigen. Im Bereich Schall ist es vor allem der Trittschall, der einem unvermutet ein Bein stellen kann. Handelt es sich zum Beispiel um eine zweigeschossige Wohnung, ist natürlich eine Treppe zwischen der einen und der anderen Ebene erforderlich. Da Treppen nun einmal nicht in der Luft schweben, sondern irgendwo stehen und befestigt werden müssen, ergeben sich zwangsläufig eine Menge Verbindungspunkte, die Trittschall in die massive Konstruktion übertragen können. Von dort wird dieser möglicherweise an die Nachbarwohnungen weitergeleitet, so dass dort jeder Treppenauf und -abstieg von nebenan zu hören ist. Professionelle Treppenplaner wissen um die nachbarliche Achillesferse Schall und wie sich diese baulich schonen lässt.

Der Wunsch vieler Baugemeinschaftler, durch Eigenleistungen Kosten sparen zu wollen, ist verständlich. Doch manch eine Aktion kann sich im Nachhinein als Kostenfalle entpuppen, wenn die möglichen Konsequenzen nicht bedacht werden. So auch bei der Idee, das günstige Parkett aus dem Baumarkt oder die alten Fliesen aus Omas Keller auf die Baustelle zu bringen und von der Fachfirma verlegen zu lassen. Ob man auf diese Weise einen relevanten Betrag im Verhältnis zum Gesamtbauvolumen sparen kann, ist fraglich.

Vorsicht ist aber auf alle Fälle im Hinblick auf die Gewährleistung geboten: Sollte sich das selbst gelieferte Parkett zum Beispiel wenige Wochen nach Einzug verwerfen, wer ist dann zur Verantwortung zu ziehen? Die Baufirma wird behaupten: „Das Parkett war bei der Lieferung wohl zu feucht." Nun das Gegenteil zu beweisen dürfte nicht einfach sein, so dass man wahrscheinlich auf den Kosten sitzen bleibt.

EIGENLEISTUNGEN? Gerne, aber nur wenn sie unabhängig in den Bauprozess eingebunden werden können und die anderen Baugemeinschaftler davon unberührt bleiben.

Endspurt

Rückt der Einzugstermin näher, steigt bei allen Beteiligten die (An-)Spannung; Nervosität macht sich breit. Es ist, als würden dadurch aber auch alle Kräfte noch einmal mobilisiert, bei der Bauleitung und den Handwerkern ebenso wie bei den Bauherren.
Aufgrund der erhöhten Belastung kann es nun öfter als sonst knallen. Das ist nicht schön, sollte aber auch nicht überbewertet werden. Berücksichtigt jeder Beteiligte an dieser Stelle einige Punkte und konzentriert sich auf das, was vor der Nasenspitze liegt, lässt sich die eine oder andere Welle durchaus umschiffen.

Die Baudamen und Bauherren können jetzt ihren Umzug vorbereiten und darauf vertrauen, dass es noch kein Haus gab, das ab diesem Stadium nicht fertig wurde. Der Architekt kann seinen Bauzeitenplan ein letztes Mal verfeinern und Gewerke mitunter tageweise abstimmen. So wissen auch die noch auf der Baustelle verbliebenen Firmen, was bevorsteht, und können ihr Arbeitspensum besser anpassen, sei es durch längere Arbeitszeiten oder kurzfristige Aufstockung des Personals.

Der Projektsteuerer kann die Bauherren bei der anstehenden Wohnungsabnahme mit der zugehörigen Mängel- und Restarbeiten-Liste unterstützen. Ansonsten hat er während dieser nervösen Wochen vor allem eine moderierende und ausgleichende Funktion.

Ist die Baugemeinschaft bis hierhin ohne Zerwürfnis durch alle Höhen und Tiefen gekommen, dann verfügt sie inzwischen über ein ausreichend „dickes Fell", um auch diese „Sturmböen" auszuhalten. Hinzu kommt, dass die kritische Mischung aus Anspannung und Belastung während des Endspurts einhergeht mit einer prickelnden Mischung aus Stolz und Vorfreude.

Einzugstermin. Das ist ein Kapitel für sich. Natürlich freut sich jeder nach Jahren gemeinschaftlichen Planens, Entscheidens und Bauens auf die eigenen neuen vier Wände. Insbesondere wenn sich der Einzug aufgrund unvorhersehbarer Umstände wie einem bis in den April hinein dauernden Winter bereits um Monate verzögert hat. Immer ungeduldiger werdend, erwarten die Baudamen und Bauherren nun eine Aussage des Architekten über den definitiven Einzugstermin. Und diesen muss er der Baugemeinschaft auch mitteilen. Denn schließlich ist meistens die alte Wohnung zu kündigen und dann pünktlich zu räumen.
So oder so wird es auch nach dem Einzug mehr oder weniger bauliche Mängel, Macken und Restarbeiten geben, die auf Kosten der ausführenden Firma zu beseitigen beziehungsweise zu erledigen sind.

Vor dem Einzug und damit vor der sogenannten Ingebrauchnahme der Wohnung sollte eine interne Abnahme mit Benennung der Mängel durch den Architekten und den Bauherren erfolgen. Diese Mängelliste muss an die entsprechende Firma weitergeleitet werden. Häufig befürchten die Bauherren in diesem Zusammenhang, dass sie nach der Ingebrauchnahme kein Anrecht mehr auf Nachbesserungen haben. Verständlicherweise, denn diese Art der sogenannten formlosen Abnahme ist ebenso rechtskräftig wie die förmliche Abnahme, bei der die erforderlichen Restarbeiten *vor* Einzug protokolliert und den Firmen mitgeteilt werden. Vorsicht ist bei allen „Schönheitsreparaturen" geboten: Werden der Kratzer in der Holztreppe und eine abgeplatzte Glasur an einer Fliese erst zwei Wochen nach Einzug bemängelt, lässt sich ein Verschulden der ausführenden Firma kaum mehr nachweisen.

Die Firmen sind allerdings grundsätzlich dazu verpflichtet, ihren Auftrag sorgfältig zu Ende zu bringen, und die Arbeiten selbst unterliegen einer Gewährleistungsfrist, die in der Regel fünf Jahre beträgt. Insofern fallen auch Mängel, die erst nach einer gewissen Zeit sichtbar werden, sogenannte versteckte Mängel wie entstehende Risse in einer Trockenbauwand, „tote" Steckdosen oder ein nicht funktionierender Heizkörper, unter die Gewährleistungspflicht.

Dennoch empfiehlt sich zweierlei: Zum einen sollte jeder Bauherr von Anfang an ein Auge darauf haben, sein Eigentum so gut wie möglich vor übermäßiger Belastung zu schützen – das gilt vor allem am Tag des Einzugs und in der ersten Woche, wenn Möbel und Kartons hin und her gerückt und gestellt werden. Zum anderen ist aber auch das eine oder andere Auge zuzudrücken; denn wo gehobelt wird, fallen bekanntlich Späne.

TIPP: Wer Parkett- oder Dielenbelag hat, sollte sämtliche Stuhl-, Sofa- und Tischbeine schnellstmöglich mit Filzgleitern versehen.

Die Ziellinie des baugemeinschaftlichen Bauens ist erreicht, sobald alle Restarbeiten abgeschlossen sind, der Projektsteuerer die Endabrechnung für das Projekt vorlegt und die GbR diese beschließt.

Da die Endabrechnung die komplette Kostenverteilung, also die Aufschlüsselung nach Gemeinschaftseigentum und Sondereigentum, umfasst, kann es durchaus einige Monate dauern, bis sie der Noch-GbR vorliegt. Zumal sich manche Firmen Zeit damit lassen, ihre Schlussrechnungen zu stellen.

Zieht sich die Endabrechnung, zum Beispiel aufgrund von Streitigkeiten über das eine oder andere Detail in der Schlussrechnung, allzu sehr in die Länge, kann sie auch mit einer zu benennenden Lücke beschlossen und die Klärung dem Rechtsnachfolger der GbR, der Wohnungseigentümergemeinschaft (WEG), überlassen werden. Um auf Nummer sicher zu gehen, kann die GbR in einem solchen Fall eine finanzielle Rückstellung bilden und an die WEG weitergeben.

FAST GESCHAFFT ...

Auch wenn es in den letzten Monaten der Bauphase vielleicht manchmal so schien, als gäbe es nur noch das gemeinschaftliche Projekt „Bauen" – irgendwann ist das Ziel erreicht. Nun muss sich die Baugemeinschaft als Wohnungseigentümergemeinschaft (WEG) finden und definieren; die Teilung ist formell vollzogen und nun mit Inhalten zu füllen.

Hausverwaltung

Eine Hausverwaltung einzusetzen ist obligatorisch, wenn auch keine gesetzliche Bestimmung. Aber welcher Eigentümer will sich um alle kleinen Alltagsaufgaben eines bewohnten Hauses selbst kümmern? Ausgewählt von der WEG, fungiert der Hausverwalter als Koordinator und Sprachrohr nach außen. Somit löst er im Prinzip den Projektsteuerer ab. Seine Aufgaben und die Vergütung sind in einem frei verhandelbaren Hausverwaltungsvertrag festzuhalten. Die Kosten für die Hausverwaltung werden auf die WEG umgelegt und fließen daher in das Wohngeld (siehe unten und Seite 43) ein.

Aufgaben der Hausverwaltung:
- Einzug und Abrechnung des Wohngeldes (Betriebskosten, Heizkosten, öffentliche Abgaben, Schornsteinfeger, Instandhaltungsrücklage etc.)
- Verwaltung von Gemeinschaftskonto

und Rücklagenkonto
- laufende Instandhaltung des Gemeinschaftseigentums überwachen
- Einberufung und Durchführung der jährlichen Eigentümerversammlung

Handelt es sich um eine vielteilige WEG, kann es sinnvoll sein, einen Beirat von zwei bis drei Personen zu wählen. Vergleichbar mit dem Geschäftsführer der GbR, vertritt er die Eigentümergemeinschaft insbesondere als Ansprechpartner der Hausverwaltung in dringenden Belangen und bei Entscheidungen, die zwischenzeitlich notwendig und ohne außerordentliche Eigentümerversammlung zu fällen sind. Zudem führt er einmal im Jahr eine Buchprüfung durch bzw. delegiert diese an ein anderes WEG-Mitglied.

Das Miteinanderleben

Anders als Eigentümergemeinschaften in Investorenprojekten, die von einem Tag auf den anderen miteinander zurechtkommen müssen, hat die WEG, die aus einer Baugemeinschaft hervorgeht, einen entscheidenden Vorteil: die Erfahrung des Miteinanderbauens. Die Parteien kennen sich, wissen um die Eigenheiten der Anderen und haben Wege gefunden, lösungsorientiert zu diskutieren und kurzfristig Entscheidungen herbeizuführen. Man hat bereits gemeinsam gestritten und gefeiert, miteinander geschimpft und gelacht … Eine gute Basis für das folgende Miteinanderleben.

Der Gesetzgeber hat den Wohnungseigentümergemeinschaften bestimmte Formalitäten verordnet, vermutlich um zermürbenden nachbarschaftlichen Grabenkämpfen vorzubeugen. Diese sind im WEG-Gesetz aufgeführt. Die wichtigsten Punkte:
- eine einmal im Jahr abzuhaltende Eigentümerversammlung, die als Gremium über alle relevanten Belange entscheidet
- für welche Art von Entscheidung welche Mehrheit nötig ist
- welche Fristen bei der Einladung zur Eigentümerversammlung einzuhalten sind
- was die Einladung enthalten muss (z. B. eine Tagesordnung)
- wer das zu erstellende Ergebnisprotokoll mindestens unterschreiben muss, damit es rechtskräftig ist

Für Gemeinschaftsbelange wie Feste und Garten kann die WEG darüber hinaus informelle Gruppen bilden, entweder für eine bestimmte Zeit oder projektweise.

Die Frage „Hausordnung oder nicht?" muss sich jede WEG selber beantworten. Schon das Wort bereitet vielen Unbehagen, klingt es doch nach Kehrwoche und Mietermief. Insofern sollte sich die WEG auch ruhig Zeit lassen mit der Antwort. Vieles muss sich sowieso erst einspielen. Lässt sich dann alles ohne äußeren Rahmen regeln, erübrigt sich eine Hausordnung. Kommt es aber an bestimmten Punkten immer wieder zu heftigen Differenzen, ist es an der Zeit, konkrete Spielregeln aufzustellen. Besonders relevant wird die Hausordnung, wenn es zu einem Eigentümerwechsel kommt. Sie vermittelt dem neuen Nachbarn den Grundcharakter des Miteinanders und bewahrt vor unnötigen Grundsatzdebatten.

Nach einem langen und gemeinsamen Weg ist die Baugemeinschaft nun hoffentlich endlich dort angekommen, wo sie von Anfang an hin wollte: in ihrem „Zuhause der Zukunft". Ist der Prozess gut gelaufen und die eine oder andere neue Freundschaft entstanden, sind die Kosten im veranschlagten Rahmen geblieben und Haus wie Wohnungen so schön, wie es sich alle vorgestellt haben, können die Baudamen und Bauherren damit beginnen, das vollbrachte Werk zu genießen. Sowohl im Privaten als auch in der erprobten und bewährten Gemeinschaft: Gemeinsamer Weihnachtsbäckerei, einem Fußballturnier oder einem spontanen Grillabend steht nun nichts mehr im Weg …

Einige Worte zum Schluss

So wie jede Baugemeinschaft, so hat auch dieses Buch ein Ende. Wir haben versucht, den gesamten Prozess, von den ersten Träumen bis zum Einzug, in all seinen Facetten zu beleuchten. Da das Geschriebene vor allem der Erfahrung aus den eigenen Projekten entspringt, versteht sich das Buch als Anregung und Nachschlagewerk zu den Aspekten und Fragen, die einem Baugemeinschaftler – und wir meinen hier ausdrücklich auch den Architekten und den Projektsteuerer – im Laufe eines solchen Projekts begegnen und bewegen. Somit gilt auch für dieses Buch wie für jedes Fachbuch und jeden Ratgeber: Prüfe selbst, was du für dich verwenden kannst.

Alle Vertragsauszüge und Listen, Kosten und Abläufe sind Beispiele, die jeweils die Kernpunkte eines Aspekts verdeutlichen sollen. Man kann und sollte daher auch keinen der Inhalte dieses Buches einfach übernehmen, denn jedes Projekt hat eigene Anforderungen, Fragestellungen und Lösungsmöglichkeiten.

Auf die Expertise einer Fachperson, sei es der Anwalt für Verträge, der Notar für Grundsteuerfragen oder die Spezialistin für die Finanzierung, ist deshalb nicht zu verzichten. Sie alle sind wichtige Begleiter auf dem Weg, und wir empfehlen, sie auch entsprechend einzubinden.

An dieser Stelle danken wir einigen Mitstreitern auf unseren Baugemeinschaftswegen.

Zuallererst all unseren Baudamen und Bauherren. Jede(r) von ihnen hat durch das uns entgegengebrachte Vertrauen das Entstehen und die Umsetzung der von uns betreuten Projekte ermöglicht. Wir haben im Laufe der Jahre vieles in der Auseinandersetzung mit ihnen gelernt.

Dank auch an Anne Wulf von finanzkontor, Berlin. Sie hat uns nicht nur in allen finanziellen Angelegenheiten unserer Baugemeinschaftsprojekte zur Seite gestanden, sondern ihr Wissen dankenswerterweise auch in Form eines Expertenbeitrags den Lesern dieses Buches zur Verfügung gestellt.

Volker Bartelt, Notar und Rechtsanwalt in Berlin, haben wir als „ausgebufften Fuchs" in Sachen Grunderwerbsteuer erlebt. In seinem Buchbeitrag bringt er dieses schwierige Thema in einfachen und verständlichen Worten auf den Punkt. Danke.

Ein besonderer Dank an Swantje Steinbrink, die Literaturagentin aus einem unserer Projekte. Sie hat uns überhaupt erst auf die Idee gebracht, dieses Buch zu schreiben, um die gesammelten Erfahrungen nicht nur im stillen Kämmerlein zu verwalten, sondern mit anderen zu teilen, die sich selber auf den Baugemeinschaftsweg machen oder schon unterwegs sind. Ohne Swantjes Anregungen und kritische Fragen wäre dieses Buch ziemlich „fachchinesisch" ausgefallen.

Anhang

BEISPIEL

Stand 04.01.2010

Bauliche Maßnahmenbeschreibung für das Grundstück XY
Baugemeinschaft AB

Grundsätzliches

Die Wohnungen erhalten den gleichen Grundstandard. Sie unterscheiden sich dann im Wesentlichen durch die Lage und die individuelle Gestaltung und Ausstattung.

Energiebedarf / Wärmeerzeugung

Die Häuser werden entsprechend den gesetzlichen Vorschriften (ENEV 2009) errichtet. Der Wärmebedarf wird so geplant, dass eine Förderung durch die KFW (KFW 55) möglich ist. Diese wird erreicht durch:

- sehr gute Wärmedämmung
- bevorzugte Ausrichtung der Fenster nach Süden
- Wärmeversorgung über Fernwärme (Kraftwärmekopplung)

Konstruktion

Die 4-geschossigen, teilunterkellerten Häuser werden als Massivbauten (Kalksandstein) mit Wärmedämmverbundsystem erstellt. Die Geschossdecken sind aus Stahlbeton. Die Planung beinhaltet auf der Statik basierende optimale Abstände zwischen den tragenden Wänden, die eine sparsame Erstellung ermöglichen.

Das Dachgeschoss wird in Holzrahmenbauweise hergestellt.

Fassade / Fenster

Die Gestaltung der Häuser einschließlich der Fensteraufteilung und Farbgestaltung erfolgt in gemeinschaftlicher Abstimmung zwischen Eigentümern und Architekt. Die Auswahl der Fenster erfolgt aus der vorhandenen Fensterliste.

Lage der Fenster:

- Südseite: Terrassen- und Balkontüren entsprechend Ansichtsplan. Sonstige Fenster: freie Wahl
- Ost- und Westseite: freie Wahl
- Straßenseite: freie Wahl, Fensterbreite 87,5

Bei der Ausstattung mit Fenstern und Balkontüren findet das Gleichheitsprinzip im Verhältnis Fensterfläche (Rohbaumaß) : Wohnfläche je Wohnung Anwendung.

Ausführung der Fassade:

Wärmedämmverbundsystem als 16-20 cm Dämmung mit Verputz und Anstrich.

Außenanlagen

Die Außenflächen (Vorgärten) entlang der XY-Straße dienen der Erschließung. Die Freiflächen zum Blockinnenbereich dienen als Garten. Der direkte Terrassenbereich im EG wird den jeweiligen Erdgeschosswohnungen als Sondereigentum zugeordnet.

Die straßenseitigen Zuwege erhalten Außenleuchten. Entlang der XY-Straße wird das Grundstück durch einen Zaun abgesichert.

Im Rahmen der Baumaßnahmen werden Wegeflächen zu den Häusern angelegt. Im übrigen Außenbereich wird ausreichend Mutterboden zur Raseneinsaat aufgebracht.
Die weitere Gartenplanung erfolgt in Absprache zwischen Bewohnern und einem Gärtner oder Fachplaner. Die Bepflanzung/Begrünung, Ausstattung mit Bänken, Spielgeräten, Kompost u. Ä. erfolgt in Eigenleistung. Sollten nach Fertigstellung der Bauarbeiten noch Finanzmittel zur Verfügung stehen, werden diese auf Beschluss der Baugruppe für die weiterführende Außenanlagengestaltung genutzt.

Eine räumliche Trennung über Hecken oder Wälle ist möglich.

Wohnungen

Der individuelle Wohnungsgrundriss und die Einzelmaßnahmen werden mit den zukünftigen Eigentümern gemeinsam entwickelt. Die aktuelle Planung ist ein Vorentwurf.

Folgender Ausbaustandard liegt der Kostenschätzung zugrunde:

- Bäder: 1 Bad mit Badewanne, Dusche, Waschtisch, Waschmaschinenanschluss und wandhängendem WC,
  in Wohnungen über 100 qm ein weiteres kleines Bad mit wandhängendem WC und Waschbecken.
  Badfußboden und Wände im Spritzbereich verfliest.
  Küche: Anschluss für Küchenspüle, Herd und Spülmaschine bauseits.

- Wände: Trockenbauwände, Stärke ca. 12 cm, doppelt beplankt (Konstruktion: Metallständerwerk, Holzfaserdämmung, Trockenbauplatten).
  Mauerwerkswände fertig glatt verputzt

- Fußboden: schwimmender Estrich mit Mosaikparkett oder anderem Belag nach Wunsch.

- Türen: Einbau von vorlackierten Fertigtüren und Beschlägen nach standardisierten Maßen mit Holzumfassungszarge.

- Heizung: Plattenheizkörper, auf Wunsch auch Röhrenheizkörper, Leitungen im Fußboden.

- Die Wände und Decken werden malerfertig hergestellt. Die Oberflächen der Fußböden werden nach Wunsch der einzelnen Eigentümer lackiert, gewachst oder geölt.

- Die Innentreppe kann wahlweise als offene oder geschlossene Holz- oder als Metallkonstruktion mit Holztrittstufen erstellt werden.

- Auf kostengünstigere wie -intensivere Ausstattungswünsche kann eingegangen werden, sofern diese von der jeweils beauftragten Firma ausgeführt werden können.

- Eigenleistungen im Sondereigentum sind möglich, dürfen den Bauablauf allerdings nicht behindern.

Die Balkone im 1. und 2. OG inkl. Geländer sind eine Stahlkonstruktion mit Holzdielen als Belag. Der Dachgeschossbalkon wird mit Holz- oder Plattenbelag hergestellt. Die Brüstung ist hier teilweise massiv.

Die Fenster werden als Holzfenster mit Fensterblech außen und lackierter Fensterbank aus Holzwerkstoff innen hergestellt. K-Wert der Verglasung: 1,1 Wm²k

Dach

Das Dach wird als Flachdach erstellt. Auf die Abdichtung kommt eine extensive Dachbegrünung. Das Treppenhaus erhält ein zu öffnendes Oberlicht, das als Ausstiegsfenster für Revisionsarbeiten und als Entrauchungsöffnung im Brandfall dient.

Das Dach ist eine Holzbalkenkonstruktion. Zwischen die Balken kommt eine Dämmung aus Zellulosefaserflocken. Die Unterverkleidung erfolgt mit Trockenbauplatten.

Die Dachgeschossfassade erhält eine Holzverkleidung.

Keller

Es erfolgt eine Teilunterkellerung. Der Keller ist zu ca. 50 % im Erdreich. Die Außenwände werden mit einer Perimeterdämmung 12-18 cm gedämmt. Die Betonsohle erhält eine Dämmung von ca. 10 cm. Zur Ausstattung gehört ein Kellerverschlag für jede Wohnung.

Erschließung / Treppenhaus

Auf dem Hof sind Abstellflächen für Autos, Fahrräder sowie Mülstellplätzel geplant. Eine Überdachung hierfür ist teilweise möglich, aber bisher nicht vorgesehen. Jede Wohnung erhält einen Autoabstellplatz.

Jedes Gebäude bekommt ein geräumiges, natürlich belichtetes Treppenhaus.

Haustechnik

Die Anschlüsse für Trinkwasser, Abwasser, Elektrizität, Telefon, Heizwärme und Warmwasserversorgung sind neu herzustellen. Dort, wo es ökonomisch und/oder ökologisch sinnvoll ist, erfolgen Anschluss und Versorgung hausübergreifend.

Eine Gegensprechanlage mit Zahlencode und ein Wandtelefon je Wohnung sowie eine Zuleitung für Telefon / Internet wird angelegt.

Eine Fernsehantenne und eine zentrale Verteilung, z. B. für Kabelanschluss, sind nicht geplant.

Die Heizkörper und Verteilleitungen, Wasser- und Abwasserleitungen (ab Wasseruhren) sowie die Elektroinstallation ab Unterverteilung (Sicherungskasten) gehören zu den jeweiligen Wohnungen. Die Ausstattung Elektrik erfolgt gem. Ausstattungsstandard 2. Zusatzwünsche im Bereich Elektrik, z. B. weitere Steckdosen, fallen in die Entscheidung des Eigentümers des Sondereigentums.

Die Anlage eines Schornsteins für Kaminöfen ist auf Beschluss der jeweiligen Hausgemeinschaft möglich.

Beispiel Projektphasen einer Baugemeinschaft

	HOAI-Phasen	Aktivitäten	Unterlagen / Dokumente
Interessengemeinschaft	Grundlagenermittlung	Entwickeln Konzeptidee Vorgespräche Behörden	z.B. Skizzen, Lageplan Kostennote grob
Planungsgemeinschaft		Einlage Gruppenmitglieder Sichern Grundstück	Planungsvereinbarung Ablaufplan Kostenschätzung
	Vorentwurf	Konkretisierung Entwurfsidee (Struktur - Technik)	Pläne Vorentwurf (Wohnungen schematisch)
Baugemeinschaft			GbR-Vertrag (notariell) Maßnahmenbeschreibung Kostenverteilungsplan Kreditverträge Kaufvertrag Grundstück Plan Wohnungsgrenzen Architektenvertrag Projektsteuerervertrag
	Entwurf	Erstellen Wohnngsgrundrisse	Kostenberechnung Pläne Entwurf
	Bauantrag		Unterlagen Bauantrag Abgeschlossenheitserklärung Beginn Kostenverfolgung
	Ausführungsplanung		Ausführungspläne (1:50) Detailpläne Bauzeitenplan Entscheidungstermine Bauherrn Wohnungsbuch
	Ausschreibung		
	Vergabe		Musterbauvertrag
	Bauüberwachung	Baubeginn	Bauherrenhaftpflicht Bauleistungsversicherung Teilungsvertrag
		Fertigstellung	Abnahmeprotokolle Endabrechnungen Wohnungen
WEG	Dokumentation		Hausverwaltungsvertrag Hausordnung

„Ich bin viele": 8 gebaute Beispiele (1993-2011)

Projekt: „vor der stadt + mittendrin" – Berlin

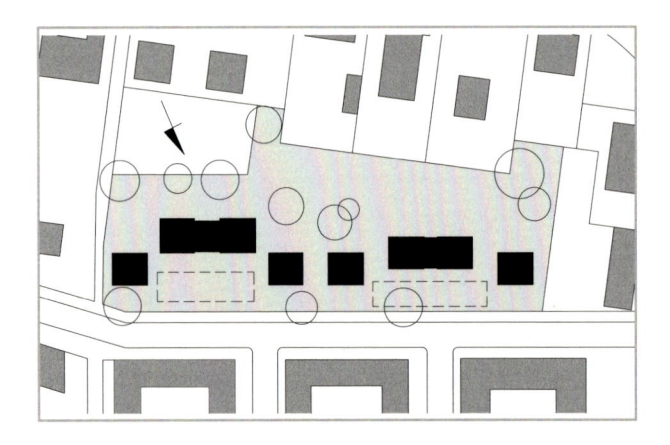

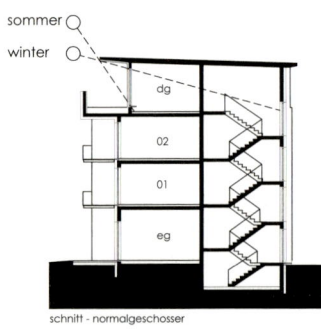

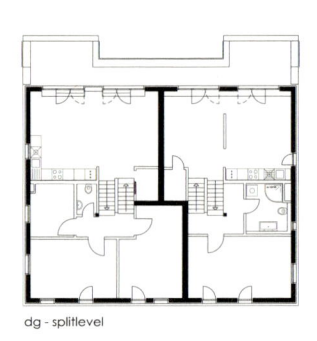

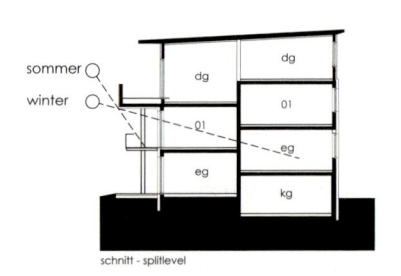

dg - maisonette

schnitt - normalgeschosser

dg - splitlevel

schnitt - splitlevel

PROJEKT:	**„vor der stadt + mittendrin", Berlin**
Fertigstellung	2011
Grundstücksgröße	12.350 m²
Wohnfläche gesamt	4.570 m²
Anzahl der Wohnungen	37 (23 Maisonetten, 8 Splitlevel, 6 Eingeschosser)
Gesamtkosten (KG 100 bis 700)	9,68 Mio €
Kosten je m² Wfl. (KG 100-700)	2.118 €
Kosten je m² Wfl. (KG 300+400)	1.332 €
Bauweise	Massivbau mit WDVS (EG - 02) - Holzrahmenbau (DG)
Technik	Fernwärme und Photovoltaik
Energiestandard	KfW-55 Effizienzhaus (gem.ENEV 2007)
Architekten + Projektsteuerung:	**ArGe Keinert & Büsching, Berlin** www.baugruppen-in-berlin.de

Projekt: „WohnreWIR Tremonia" – Dortmund

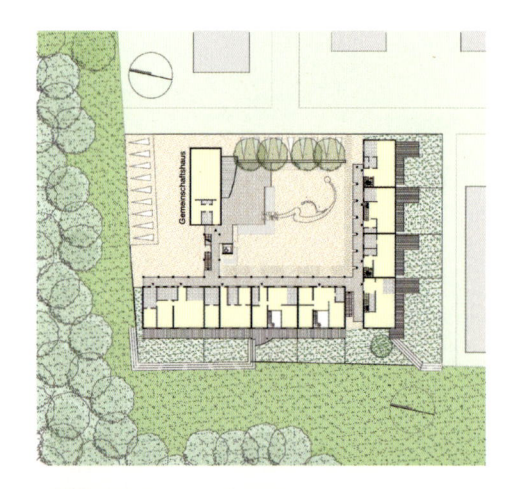

Individuelle Wohnungen von 55 bis 165 m² Wohnfläche

PROJEKT:	„WohnreWIR Tremonia", Dortmund
Fertigstellung	2004
Grundstücksgröße	3.286 m²
Wohnfläche gesamt	2.049 m²
Anzahl der Wohnungen	21
Gesamtkosten (KG 100 bis 700)	4,33 Mio €
Kosten je m² Wfl. (KG 100-700)	2.113 €
Kosten je m² Wfl. (KG 300+400)	1.344 €
Bauweise	Massivbau mit WDVS
Technik	BHKW + Photovoltaik + kontrollierte Lüftung
Energiestandard	„3-Liter-Haus"
Architeken	**Norbert Post · Hartmut Welters,** **Architekten & Stadtplaner GmbH - Dortmund / Köln** **www.post-welters.de**

Projekt: „b33" – Dresden

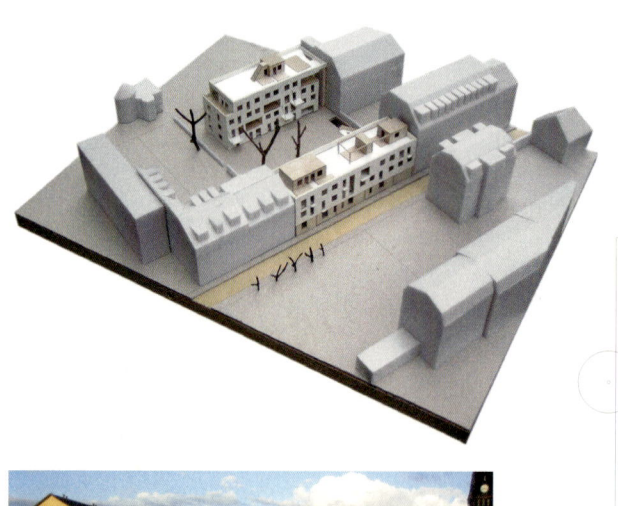

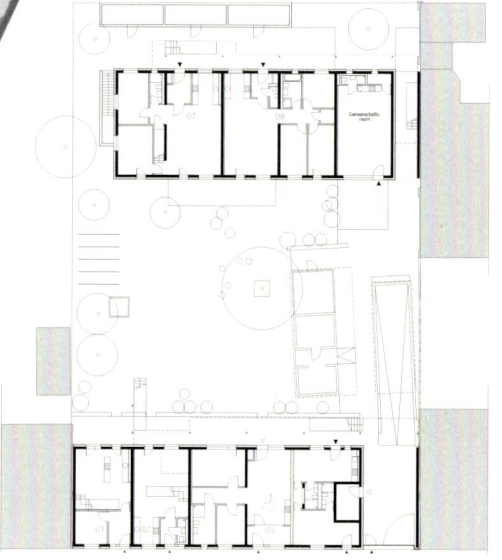

PROJEKT: „b33", Dresden

Fertigstellung	2009
Grundstücksgröße	1.780 m²
Wohnfläche gesamt	1.782 m²
Anzahl der Wohnungen	14
Gesamtkosten (KG 100 bis 700)	3,66 Mio €
Kosten je m² Wfl. (KG 100-700)	2.056 €
Kosten je m² Wfl. (KG 300+400)	1.346 €
Bauweise	Massivbau mit WDVS
Technik	Dezentrale Lüftung mit WRG, Fernwärme mit solarer Unterstützung
Energiestandard	Passivhaus
Architekten	h.e.i.z.Haus , Architektur.Stadtplanung, Dresden www.heizhaus.de

Projekt: „Stadtgestalten" – München

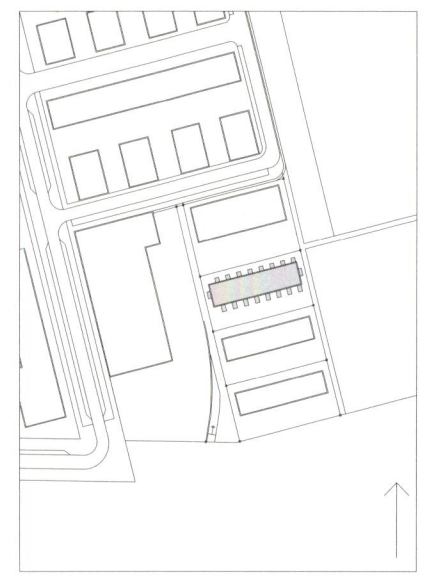

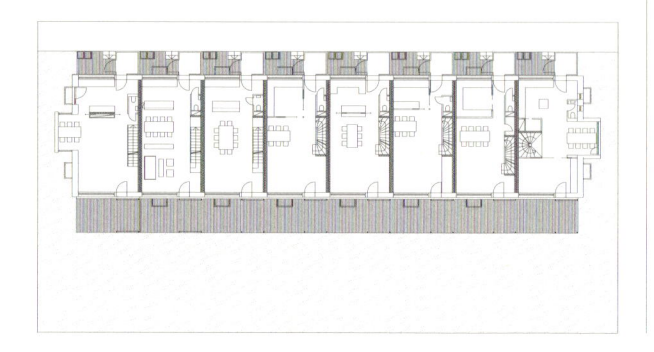

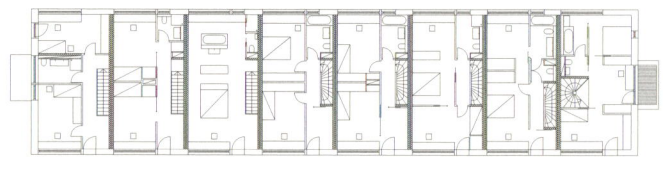

PROJEKT: „Stadtgestalten", München

Fertigstellung	2006
Grundstücksgröße	1.312 m²
Wohnfläche gesamt	1.125 m²
Anzahl der Wohnungen	8 (Reihenhäuser)
Gesamtkosten (KG 100 bis 700)	4,0 Mio €
Kosten je m² Wfl. (KG 100-700)	3.555 €
Kosten je m² Wfl. (KG 300+400)	1.485 €
Bauweise	StB-Tragwerk mit Holzelementfassade
Technik	Hausweise Lüftung mit WRG, Wärmepumpe mit solarer Unterstützung
Energiestandard	Passivhaus
Architeken	**Vallentin + Reichmann Architeken, München** www.vallentin-reichmann.de

Projekt: „Ida-7" – Freiburg

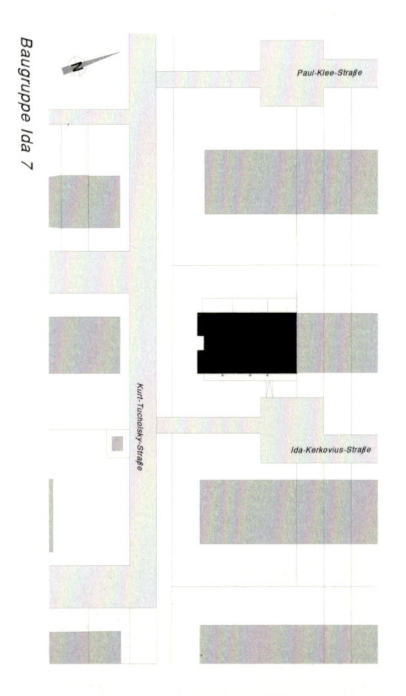

Baugruppe Ida 7

Paul-Klee-Straße
Kurt-Tucholsky-Straße
Ida-Kerkovius-Straße

2.OG

Wohnung 5 | Wohnung 6 | Wohnung 7

DG

Wohnung 5 | Wohnung 6 | Wohnung 7

PROJEKT: „Ida-7", Freiburg

Fertigstellung	2007
Grundstücksgröße	852 m²
Wohnfläche gesamt	855 m²
Anzahl der Wohnungen	7
Gesamtkosten (KG 100 bis 700)	1,8 Mio €
Kosten je m² Wfl. (KG 100-700)	2.110 €
Kosten je m² Wfl. (KG 300+400)	1.364 €
Bauweise	Massivbau + gedämmte Holz-Riegel-Konstruktion, vorgehängt
Technik	Lüftungsanlage mit WRG + Fernwärme (BHKW mit Holzhackschnitzel)
Energiestandard	Passivhaus
Architeken	**Werkgruppe Freiburg** www.werkgruppe-freiburg.de

Projekt: „ze511" – Berlin

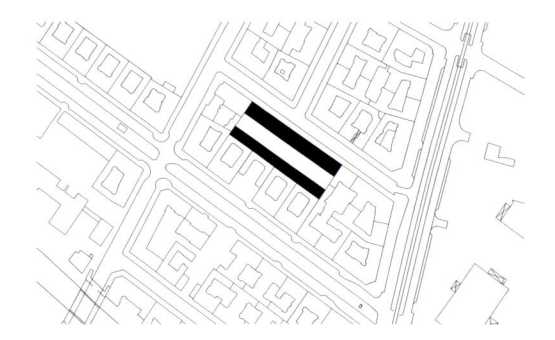

Grundrisse Gartenhaus

EG 1.OG 2.OG

Grundrisse Penthouse

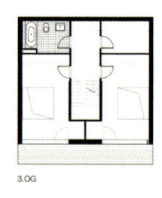

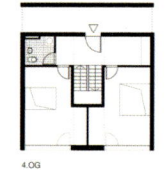

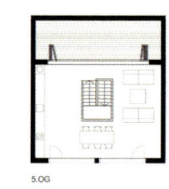

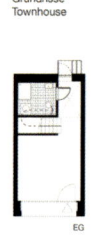

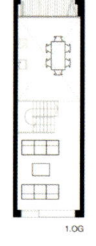

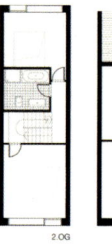

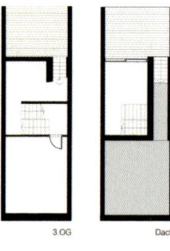

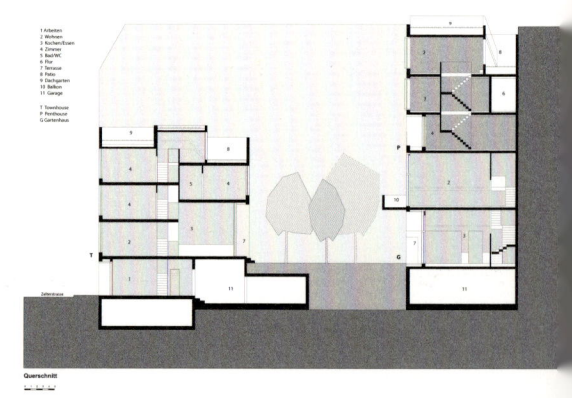

3.OG 4.OG 5.OG

Grundrisse Townhouse

EG 1.OG 2.OG 3.OG Dach

1 Arbeiten
2 Wohnen
3 Kochen/Essen
4 Zimmer
5 Bad/WC
6 Flur
7 Terrasse
8 Patio
9 Dachgarten
10 Balkon
11 Garage

T Townhouse
P Penthouse
G Gartenhaus

Querschnitt

PROJEKT:	„ze511", Berlin
Fertigstellung	2010
Grundstücksgröße	3.350 m²
Wohnfläche gesamt	6.624 m²
Anzahl der Wohnungen	45
Gesamtkosten (KG 100 bis 700)	15,47 Mio €
Kosten je m² Wfl. (KG 100-700)	2.160 €
Kosten je m² Wfl. (KG 300+400)	1.452 €
Bauweise	Massivbau + WDVS
Technik	Fernwärme
Energiestandard	KfW-55 Effizienzhaus (gem.ENEV 2007)
Architeken	**zanderroth architekten, Berlin** **www.zanderroth.de**

Projekt: „Am Grohschlag Hohl" – Maintal

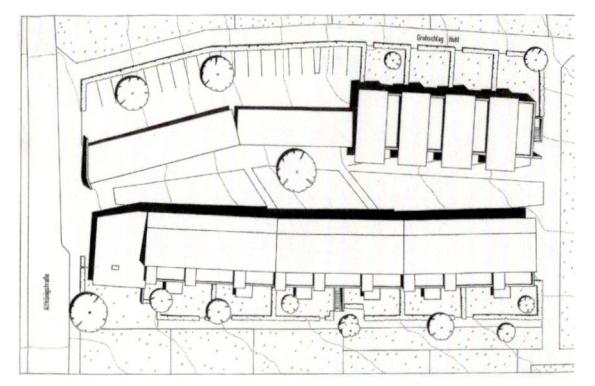

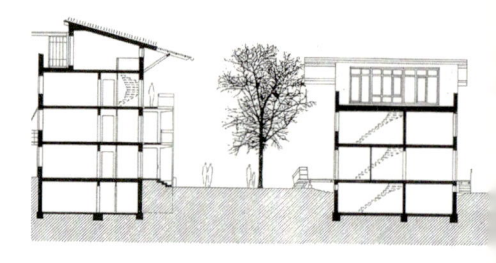

PROJEKT:	„Am Grohschlag Hohl", Maintal
Fertigstellung	1993
Grundstücksgröße	4.212 m²
Wohnfläche gesamt	2.671 m²
Anzahl der Wohnungen	29
Gesamtkosten (KG 100 bis 700)	4,51 Mio €
Kosten je m² Wfl. (KG 100-700)	1.688 €
Kosten je m² Wfl. (KG 300+400)	1.126 €
Bauweise	Massivbau + WDVS
Technik	BHKW
Energiestandard	Niedrigenergiehaus (gem. WSchV 1985)
Architeken	**Baufrösche · Architekten und Stadtplaner GmbH, Kassel, www.baufroesche.de**

Projekt: „StattSchule" – Hamburg

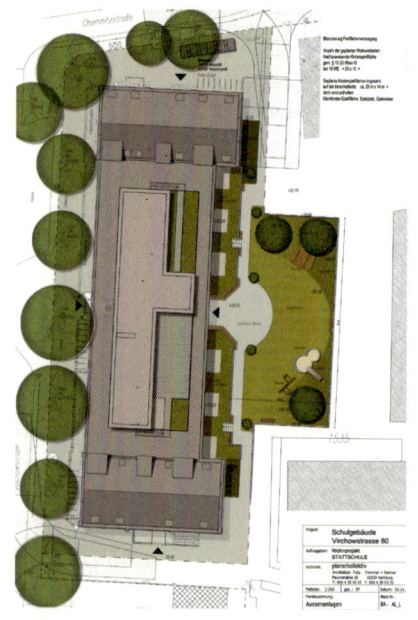

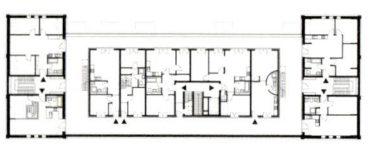

3. OG

2. OG

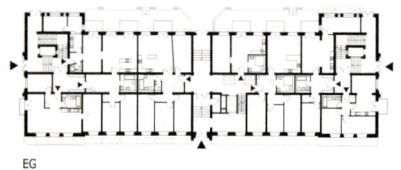

EG

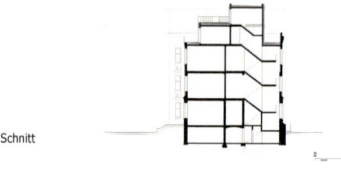

Schnitt

Westansicht

Stattschule Virchowstraße 80 Ansichten planerkollektiv architekten 11.2009

Ostansicht

Stattschule Virchowstraße 80 Ansichten planerkollektiv architekten 11.2009

PROJEKT: „StattSchule", Hamburg

Fertigstellung	2011
Grundstücksgröße	2.261 m²
Wohnfläche gesamt	2.774 m²
Anzahl der Wohnungen	34
Gesamtkosten (KG 100 bis 700)	6,90 Mio €
Kosten je m² Wfl. (KG 100-700)	2.487 €
Kosten je m² Wfl. (KG 300+400)	1.536 €
Bauweise	Bestand massiv (Denkmalschutz) + Aufstockung massiv
Technik	Lüftung mit WRG, Holzpelletheizung mit solarer Unterstützung
Energiestandard	Altbau gem. ENEV - Neubau KfW-55 Effizienzhaus (gem. ENEV 2007)
Architeken	**Planerkollektiv Architekten Tietz Trommer** www.planerkollektiv.de

SACHWORTREGISTER

Abgeschlossenheitsbescheinigung 83, 105

Abnahme 96, 105

Absichtserklärung 16, 22

Ausführungsplanung 24, 30 f, 77 ff, 84, 105

Ausschreibung 30, 84, 87 ff, 105

AHO 17, 25

Bauablaufplan / Bauzeitenplan 28, 30 f, 37, 86, 90, 105

Bauantrag 24, 39, 55, 81, 82 ff, 105

Baugemeinschaftssitzung 12, 16, 38 f

Baugenehmigung 29, 51, 64, 82 f

Bauleiter 36

Bauphase 28, 37, 47, 57, 79, 84 ff

Bauträger 7, 13 ff

Bonitätsprüfung 23, 42

DIN 276: 53 f, 56 f, 63

Eigenkapital 35, 42 ff, 52, 63

Eigenleistung 14, 63, 92 ff, 103

Entwurf(splanung) 11, 20, 24, 55, 79 ff, 105

Fachplaner 26, 36, 55

Finanzierung 23, 34, 42 ff, 49 ff

GbR 11, 15, 37, 39 f, 47, 68 ff, 83, 89

Gemeinschaftseigentum 80, 96

Geschäftsführung 23 f, 39 f, 88

Gesellschafter 23, 40, 68, 70 ff

Gewährleistung 90, 94, 96

Grundbuch 29, 45, 47 f, 72, 83

Grunderwerbsteuer 11, 15, 53, 67 ff

Grundschuld 47 f

Grundsteuer 42 f, 67 f

Hausverwaltung 97 f, 105

HOAI 24 f, 55, 77, 105

Interessengemeinschaft 10, 12, 105

Katasteramt 48, 64

KfW 49

Konto 25, 62 f

Kontrolle
- Kosten 27, 57
- Qualität 35 f
- Termine 27

Kostengruppe 53 f, 56 ff, 63

Kostenschätzung 23, 53 ff, 67, 105

Kostenverteilungsplan 18 f, 23, 25, 105

Kostenverfolgung 57 ff, 105

Kredit 43, 45, 48

Leistungsverzeichnis (LV) 88 ff

Mängel 37, 95 f

Maßnahmenbeschreibung bzw. -katalog 18, 23, 25, 35, 79 (+ Anhang)

Mittelabforderung 25, 34 f, 44, 62 f

Moderator 9, 16, 39

Notar 11, 24, 48, 67, 83

Pfandhaftentlassungserklärung 48, 83

Planungsgemeinschaft 10 ff, 21 f, 43, 53 f, 57, 105

Planungsvereinbarung 11, 18, 105

Projektablaufplan 25, 28 f

Protokoll 12, 16, 38 f, 91, 93, 105

Schadstoffe 65 f

Sitzung 12, 16, 38 f

Sondereigentum 23, 55, 60 f, 72 f, 93, 96

Subunternehmer 84, 86, 88

Team 7, 13, 15, 21, 40

Teilungserklärung 72 f

Teilungsphase 71 f

Tilgung 42 f, 49 f

Typisierung 7, 9, 13 f, 76 f, 79

WEG 61, 68, 72 f, 81, 97 ff, 105

Wohnungseigentümergemeinschaft (WEG) 72, 97 f

Wohnungseigentumsgesetz (WEG, seltener WoEigG) 61, 68 f, 72

Wohngeld 42 f, 97

Wohnungsplanung 79 f

Versicherung

- Bauherrenhaftpflicht 26 f, 105
- Bauleistungsversicherung 27, 105
- Berufshaftpflicht 26

Vertrag

- Architektenvertrag 24 f, 80, 105
- Bauvertrag 39 f, 84, 88 f
- GbR-(Gesellschafter-)Vertrag 22 ff, 44, 105
- Kreditvertrag / Darlehensvertrag 42 ff, 49 f, 52, 105
- Projektsteuerervertrag 25, 105
- Teilungsvertrag 72 f, 83, 105

Vergabe 24, 30 f, 86 f, 89, 105

VOB 89 f

Zahlungsplan 28, 35

Zinsen 42 ff, 45 ff

Zwischenfinanzierung 44 f, 85

IMPRESSUM

FOTOS:

Steffen Keinert: Titelbild

Christian Muhrbeck: Seite 106, 107

C.Suhan: Seite 108, 109

h.e.i.z.Haus: Seite 110, 111

Vallentin + Reichmann Architekten: Seite 112, 113

Werkgruppe Freiburg: Seite 114, 115

Simon Menges: Seite 116, 117

Baufrösche: Seite 118, 119

Tietz und Trommer: Seite 120, 121

DIESES BUCH ERSCHEINT IN DER REIHE „BAU-RAT"

Der Inhalt des Buches wurde von den Autoren sorgfältig erwogen und geprüft; dennoch kann eine Garantie dafür nicht übernommen werden. Jegliche Haftung der Autoren bzw. des Verlages und/oder seiner Beauftragten für Personen-, Sach- und Vermögensschäden ist ausgeschlossen.

Bibliographische Informationen der Deutschen Bibliothek:

Die Deutsche Bibliothek verzeichnet diese Publikation in der Deutschen Nationalbibliographie; detaillierte bibliographische Daten zu diesem Werk sind im Internet abrufbar unter http://dnb.ddb.de. Das Werk, einschließlich aller seiner Teile, ist urheberrechtlich geschützt. Die Verwertung der Texte und Bilder ist – auch auszugsweise – ohne Zustimmung des Verlages unzulässig und strafbar. Das gilt auch für Vervielfältigungen, Übersetzungen, Mikroverfilmung sowie für die Einspeicherung und Verarbeitung in elektronischen Systemen, einschließlich Internet.

Titelbild: Steffen Keinert
Satz, Layout: naderer communictaion, Tragwein
Umschlaggestaltung: naderer communictaion, Tragwein
Druck: fgb – freiburger graphische betriebe, Freiburg/Br.

© 2012, Blottner Verlag GmbH, D-65232 Taunusstein
blottner@blottner.de / URL: www.blottner.de
ISBN 978-3-89367-130-4 / Printed in Germany

Rat, auf den Sie bauen können!

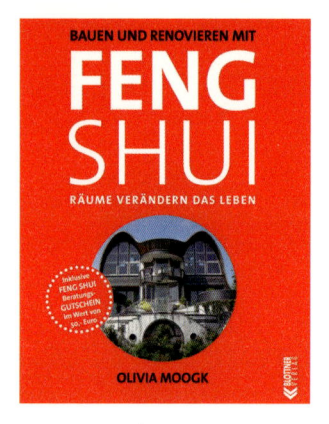

Bauen und Renovieren mit Feng Shui
Räume verändern das Leben
ISBN 978-3-89367-128-1
Alle Informationen für den Hausbau und die Einrichtung nach Feng Shui.

Kamine und Kachelöfen
Energiesparende Ausführungen: traditionell und modern
ISBN 978-3-89367-652-1
Ein Nachschlagewerk während der Planungs- und Bauphase.

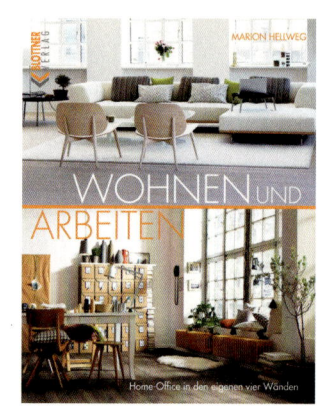

Wohnen & Arbeiten
Home-Office in den eigenen vier Wänden
ISBN 978-3-89367-137-3
Private Refugien, die einen sehr ansprechenden und gut gelösten Arbeitsplatz aufweisen.

So leb' ich
wohne, wie es dir gefällt
ISBN 978-3-89367-121-2
Ein Wohnbuch, das motiviert, den eigenen ganz persönlichen Wohnstil zu finden und zu Hause zu verwirklichen.

Boden, Wand, Decke – Raumgestaltung leicht gemacht
Materialien, Tipps und Beispiele
ISBN 978-3-89367-643-9
Mit vielen bebilderten Schritt-für-Schritt-Anleitungen.

Garten, Terrasse, Carport – Gestaltung der Außenanlagen leicht gemacht
Materialien, Tipps und Beispiele
ISBN 978-3-89367-651-4
Alles Schritt für Schritt.

Blottner Verlag • 65232 Taunusstein • www.blottner.de

Rat, auf den Sie bauen können!

Bäder: planen, einrichten, erleben
Tipps und Ideen. Materialien und Beispiele
ISBN 978-3-89367-640-8
Das Buch zeigt Lösungsbeispiele für alle Stilrichtungen und Preisklassen.

Küchen: planen, einrichten, erleben
Tipps und Ideen. Materialien und Beispiele
ISBN 978-3-89367-639-2
Das Buch enthält viele Fachinformationen rund um das Thema Küche.

Wohnräume: planen, einrichten, erleben
Tipps und Ideen. Materialien und Beispiele
ISBN 978-3-89367-108-3
Das Buch stellt gelungene Beispiele für Entwürfe und Ausstattungen vor.

Barrierefrei Wohnen
Lösungen für zukunftsorientierte Bauherren, Senioren und behinderte Menschen
ISBN 978-3-89367-114-4
Lösungen, die ein selbständiges und schönes Wohnen ermöglichen.

Refugien
Wie Sie sich Ihre persönlichen Rückzugsorte schaffen
ISBN 978-3-89367-136-6
Ein Buch, das Lebensqualität und Balance in den Alltag bringt.

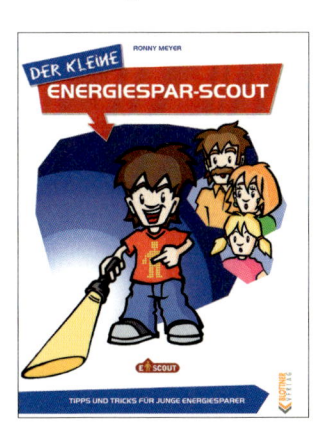

Der kleine Energiespar-Scout
Tipps und Tricks für junge Energiesparer
ISBN 978-3-89367-132-8
Das Kinderbuch zum Top-Thema Energiesparen.

Blottner Verlag • 65232 Taunusstein • www.blottner.de

Rat, auf den Sie bauen können!

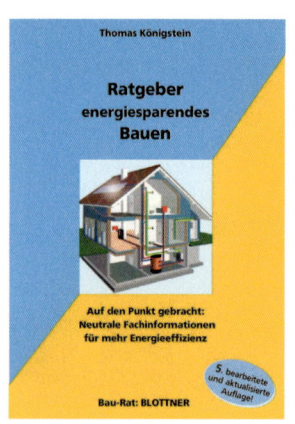

Ratgeber energiesparendes Bauen
Neutrale Informationen für mehr Energieeffizienz
ISBN 978-3-89367-127-4
Ein kompetenter Ratgeber, verständlich und anwendungsgerecht.

Bau-Finanzierung leicht gemacht
Damit der Traum vom eigenen Heim nicht zum Albtraum wird
ISBN 978-3-89367-103-8
Ohne missverständliches Finanz-Chinesisch.

Raumklima und Lüftung der Wohnung
Wege zum Wohlfühlen. Bauliche Voraussetzungen. Richtiges Verhalten
ISBN 978-3-89367-084-0
Zeigt, wie ein gesundes Raumklima zu erzielen ist.

Bautagebuch
Auf den Bauplatz, fertig los! Das Tagebuch für Ihren Hausbau
ISBN 978-3-89367-116-8
Hier kann im Laufe der Bauzeit alles Wissenswerte eingetragen werden.

Planen und Bauen für das Wohnen im Alter
Ratgeber für Neubau, Ausbau und Renovierung
ISBN 978-3-89367-099-4
Schon heute an morgen denken: hier die Infos, die Sie kennen sollten.

Feuchtigkeitsschäden im Haus
Ursachen erkennen, Schäden beseitigen
ISBN 978-3-89367-098-7
Es hilft beim Erkennen von Schäden und zeigt geeignete Maßnahmen.

Blottner Verlag • 65232 Taunusstein • www.blottner.de